Wolfgang
Hartwig

PUMA STREET SOCCER

Technik
Taktik
Training

Sportverlag Berlin

ISBN 3-328-00652-4
© 1995 by Verlag Sport und Gesundheit
GmbH, Berlin
Die Verwertung der Texte und Bilder, auch auszugsweise, ist ohne Zustimmung des Verlages urheberrechtswidrig und strafbar. Dies gilt auch für Vervielfältigungen, Übersetzungen, Mikroverfilmungen und die Verarbeitung mit elektronischen Systemen.

Projektleitung: Raymund Stolze
Konzeption, Layout: Erika Huß, Olaf Prill
Bildredaktion: Eberhard Thonfeld
Fotos: Archiv (1), Behrendt (1), Camera 4 (33), Deutsche Presse-Agentur (7), GES (8), Burkhard von Harder (2), Horstmüller (1), PUMA AG (13), Schulze (4), Schumann (1), SPORT-BILD-Archiv [8/Köpke (7), Kraft (1)], Sven Simon (11), Stephan (3), teutopress (1), Witters (1), Zeichnung Seite 12 aus SPORT-BILD Nr. 8/23.2.1994
Textquelle des Street Soccer-Raps ist ein Werbe-Video-Clip von PUMA
Umschlagentwurf: Theodor Bayer-Eynck
Titelfoto: Eberhard Thonfeld/Camera 4
Rücktitel: PUMA AG/Labor Liedtke
Redaktionsschluß: 19. 12. 1994
Printed in Germany
Lithos und Satz: LVD GmbH, Berlin
Druck und Binden: Mohndruck, Gütersloh

Gedruckt auf alterungsbeständigem Papier mit chlorfrei gebleichtem Zellstoff

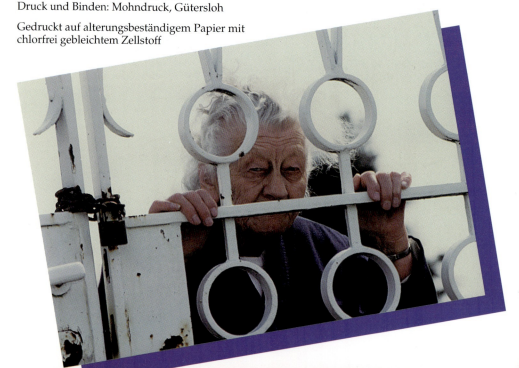

INHALT

Vorwort _____ **7**

Bevor es richtig los geht _____ **8**
Die Spielregeln 10
Historischer Rückblick 13
Auf den Spuren des Wortes Soccer 16
Kleines Street Soccer-Lexikon 19

**Vom Little-Streeter zum
Big-Soccer** _____ **24**
Lothar Matthäus: Der Jüngste mit dem Ball
26 · Schwarze Perlen und bunte Vögel 29 ·
Andreas Köpke: Die ganz normalen Dinge
34 · Anthony Yeboah: Sterne am Himmel des
Südens 36 · Thomas Doll: Der Aufstieg des
kleinen Jongleurs 38 · Rudi Völler: Ballgefühl
braucht Zeit 40 · Andreas Herzog: Der
Schmäh blüht auch auf der Straße 43

Technik – Taktik – Training _____ **46**
Kaltstarts sind Selbsttore 48
Werkzeug braucht Pflege 50
Der Kopf dirigiert die Füße 51
Spielend zum Selbstvertrauen 58
Kicker dürfen auch jubeln 60
Alfred „Aki" Schmidt: Im
Training immer mit Ball 64

**Der Puma ist los –
Der Cup '94** _____ **68**
Soccer auf Deutschland-Tour 70
Was so alles passierte 76
Finale mit großer Kulisse 80
Borussias Bester fand viele Talente 86

Ergebnis-Spiegel _____ **88**
Soccer-Splitter 96

VORWORT

Mit der Redaktion von SPORT-BILD waren wir uns einig: Der deutsche Fußball braucht wieder mehr Techniker. Nicht Kraft und Kondition pur, sondern mehr technisches Können, mehr Spaß am Spiel. – Mit dieser Zielsetzung beschlossen wir, aktiv zu werden. Daraus entstanden ist der PUMA STREET SOCCER CUP. Die größte Talentsuche im deutschen Fußball.

Am Anfang war die Idee. Wir entwickelten das Spiel, wir machten die Regeln dazu. Heute ist Street Soccer eine weltweite Bewegung, und 1994 spielten allein in Deutschland über 32 000 Jugendliche von 10–16 Jahren beim PUMA STREET SOCCER CUP um die erste deutsche Meisterschaft des Straßenfußballs. Mit einem großartigen Finale direkt vor dem Reichstag in Berlin.

Und überall in der Welt wird inzwischen PUMA STREET SOCCER gespielt. Von Paris bis Hongkong, von Tokio bis Wien, von Amerika bis Australien.

1995 wird es noch interessanter. Am Ende der deutschen Meisterschaft steht das Finale im World Cup mit Mannschaften aus über 30 Ländern. Ich danke all denen, die uns bei unseren Veranstaltungen so tatkräftig unterstützt haben. Unseren Paten Rudi Völler, Lothar Matthäus, Andreas Köpke, Andreas Herzog und Anthony Yeboah. Unseren Sponsoren Grundig, Daimler Benz, Nestlé, Gatorade, Sega und vor allem dem Hauptsponsor SPORT-BILD, der von der Idee bis zur Publizierung engagiert mitgeholfen hat.

Nicht zuletzt den vielen Partnern aus dem Sportfachhandel, die als regionale Veranstalter dafür gesorgt haben, den PUMA STREET SOCCER CUP 1994 so interessant zu machen. Sehr wichtig waren auch unsere Talentespäher, angeführt von dem Altinternationalen Aki Schmidt und dem Bundesligaprofi Dietmar Roth, die über 120 Toptalente und 12 Supertalente ausgewählt, ausgezeichnet und in Kontakt mit Vereinen in den Förderungskreis aufgenommen haben. Ich bin sicher, es sind einige dabei, die wir im aktiven Fußball, vielleicht sogar in der Bundesliga, wiedersehen werden.

Wir freuen uns nun auf den PUMA STREET SOCCER CUP im zweiten Jahr und auf die vielen begeisterten Teilnehmer.

Denn eins ist sicher: Beim Street Soccer geht es um technisches Können und Spielwitz und jede Menge Spaß am Spiel.

Es lebe der Straßenfußball!
Herzliche Grüße
Ihr
Jochen Zeitz
Vorstandsvorsitzender der Puma AG

DIE SPIEL-REGELN

Fußball unkompliziert – das ist der Street Soccer. Pate stand die Spielweise auf Straßen, Wiesen, Wegen. Deshalb bleibt vieles, was den Streit beflügelt und das Spiel nur hemmt – wie die Abseitsregel – draußen. Regelfortschritte, die dagegen das Spiel fördern – beispielsweise die verbotene Ballaufnahme durch den Torwart nach einem Rückpaß –, wurden übernommen. Und so geht es lang im Straßenfußball:

DIE SPIELREGELN 11

◀ Eine Besonderheit beim Street Soccer: Statt des Anstoßes gibt's den Einwurf durch den Schiedsrichter.

Der Strafraum gehört allein dem Torwart – Betreten für Feldspieler verboten! ▼

Mannschaften: Drei Feldspieler/innen, ein Torwart/Torfrau, ein Wechselspieler/in. Zugelassen sind Jungen-, Mädchen- oder Mixed-Mannschaften. Nur komplett müssen sie sein.

Altersklassen: 10 bis 13 und 14 bis 16.

Spielfeld: 20 m lang, 14 m breit, Tore 1,30 m hoch und 4 m breit. Bande 80 cm hoch. Als Strafraum wird ein Teppich mit einem Radius von 4 m ausgelegt.

Spielzeit: 2 mal 5 Minuten mit Seitenwechsel. Finals: 2 mal 10 Minuten. Bei K.-o.-System und Unentschieden Verlängerung bis zum nächsten Tor (sudden death). Ist nach drei Minuten kein Tor gefallen, folgt Penaltyschießen. Wer zuerst einen Penalty mehr verwandelt ist Sieger.

Strafraum: Nur der Torwart/Torfrau darf sich dort aufhalten, den Strafraum aber auch nicht verlassen.

Wechsel: Von einer bestimmten Stelle aus sind fliegende Wechsel beliebig oft möglich.

Ausball: Es gibt keinen Eckball, keinen Einwurf, sondern Einrollen von der Seitenlinie oder Torabstoß bei Toraus.

Freistöße: Sämtliche Freistöße müssen indirekt ausgeführt werden.

Abseits: Gibt es nicht.

Gelbe und Rote Karten: Auch die gibt es nicht, ebenso keine Zeitstrafen. „Fair geht vor" ist das Motto, weshalb man keinen Strafenkatalog braucht. Nur grobe Unfairneß wird vom Schiedsrichter geahndet.

Bande: Sie darf im Spiel benutzt werden, um den Ball prallen zu lassen.

Penalty: Der Spieler/in läuft vom Strafraum aus aufs gegnerische Tor und schießt. Nachschuß ist nicht gestattet.

Verstöße: Nimmt ein Torwart/Torfrau den Ball nach Rückpaß auf oder läuft ein verteidigender Spieler durch den Strafraum, dann gibt es Penalty. Läuft ein Angreifer durch den Strafraum, dann folgt ein indirekter Freistoß gegen ihn.

HISTORISCHER RÜCKBLICK

Wenn der „Street Soccer" heutzutage wieder auf Plätze inmitten der Stadt zurückkehrt, die eigentlich niemand für den Fußball vorgesehen hat, dann ist das auch wie eine Heimkehr an die Geburtsstätten des Fußballs in den deutschen Regionen.

Denn um die Jahrhundertwende überzog so etwas wie eine Seuche das Land, die die Gegner eine „Fußlümmelei" nannten. Und die suchte sich jeden freien Fleck, um sich auszubreiten. Meist waren es die Exerzierplätze der Soldaten, wie in Berlin, Hanau, Leipzig, Hamburg. Oder die Stadtwiese, die sich „Werder Bremen" mit den stadteigenen Kühen teilen mußte.

Oder der städtische Schuttplatz wie in Frankenthal. Oder der freie Fleck an der Friedhofsmauer wie beim 1. FC Kaiserslautern. In Halle/Saale zierte eine „Friedenseiche" den Platz des FC Wacker, war gittergeschützt und mußte umspielt werden. Auch deswegen forderten die „Jenaer Regeln" von anno 1896, daß Fußballfelder künftig „frei von Bäumen und Sträuchern" sein müßten.

Doch nicht nur sie behinderten das neue Spiel. Der Deutsche Turner-Bund verbot seinen Mitgliedern sogar jegliche Teilnahme am „Engländer-Spiel", das die „nationalen Gefühle" verletze. Ein Stuttgarter Turnlehrer, Professor Karl Planck, charakterisierte 1898 das „Undeutsche" dieser „Fußlümmelei" in einem Artikel mit der Überschrift „Wehret den Anfängen": „Was bedeutet denn der Fußtritt in der Welt? Doch wohl, daß der Gegenstand, die Person, nicht wert ist, daß man auch nur die Hand um ihretwillen rührt. Er ist ein Zeichen der Verachtung, des Ekels und des Abscheus." Für Turnlehrer Planck war dieser „englische Aftersport" … „nicht nur gemein, sondern auch lächerlich, häßlich, widernatürlich".

Das Wort „Street Soccer" wäre ein Dolchstoß ins Herz der damaligen Deutschtümelei gewesen.

Dabei war von den Briten nur aus der Geschichte hervorgeholt worden, was die Chinesen um 2000 vor

Christus als „tsuh-küh" (tsuh – mit dem Fuß stoßen, küh – Ball) betrieben hatten. Die Verlierer sollen Peitschenhiebe bekommen haben. Bei den Azteken um 1300 in Mexiko durfte sich der Sieger des Kultspiels den Göttern opfern. Japaner, Burmesen, Römer, Mongolen kannten das Spiel mit dem Ball. Zwischen 1338 und 1453 verboten es die englischen und französischen Könige, weil es ihre Soldaten und Untertanen vom Kriegsspiel ablenkte. 1349 tauchte das Wort „Football" erstmals auf.

Weil der Kronprinz und spätere Kaiser Wilhelm II. sich als Fußballfan zeigte und den „Kronprinzen-Pokal" stiftete, wurden die Deutschtümler stiller. Dafür gelobten die Berliner Fußballer in einem Telegramm, „wo es auch sei, mit Gut und Blut, für Kaiser und Reich einstehen zu wollen".

Und weil man sich um das Wohl des Soldaten-Nachwuchses sorgte, gab es für Schüler und Jugendliche auch besondere Gesundheits-Vorschriften:

- Auf dem Platz darf sich niemand hinlegen oder müßig herumstehen.
- Bei der Einrichtung des Spielplatzes ist Sorge zu tragen, daß keiner gegen Ostwind anzulaufen hat.
- Bei hoher Temperatur nach heftigem, trockenen Wind soll nicht gespielt werden. Ruhige Kälte schadet nicht, hilft abzuhärten.
- Man gehe nicht nach reichlich genossenem Mahl zum Spiel. Durst stille man nur mit Wasser.

Manches davon könnte auch noch für den Street Soccer gelten. Nur darf jetzt der Wind von überall herwehen.

Torjäger-König in der Vorrunde war der 16jährige Turgay Aydin aus Kirchheim bei Stuttgart. Für die »VfL-Youngsters« traf er dafür insgesamt 31mal und in einem Spiel sogar 18mal. »Dreimal Training beim VfL Kirchheim reichen mir nicht, ich spiele jeden Tag auch auf dem Bolzplatz.« So wie Turgay halten es viele.

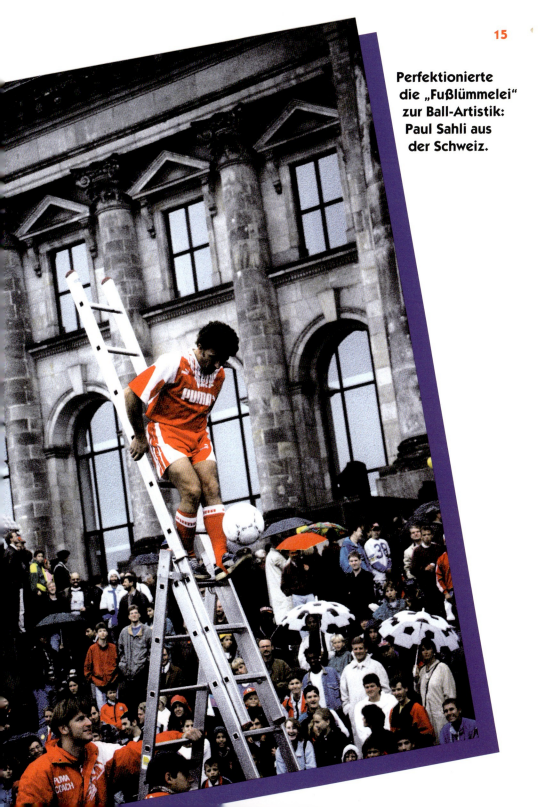

Perfektionierte die „Fußlümmelei" zur Ball-Artistik: Paul Sahli aus der Schweiz.

AUF DEN SPUREN DES WORTES SOCCER

1996 hat die Street Soccer-Familie Grund zum Feiern. Denn dann wird der Fußball 150 Jahre alt, also derjenige, der die Neuzeit eroberte. Damals kickte und rannte alles noch wild durcheinander. Jede Schule spielte nach eigener Art. Um Wettkämpfe untereinander überhaupt möglich zu machen, verfaßten blutjunge Studenten der englischen Universität Cambridge 1846 die ersten Regeln. Damals war „Football" noch eine einzige große Familie. Man durfte den Ball treten, tragen, fangen.

Aber an den unterschiedlichen Auffassungen schieden sich die Geister. 1863 trennten sich die Ver-

Rugby – bei Geburt noch Zwillingsbruder des Soccer ...

fechter der reinen Kicker-Lehre und gründeten in London die „Football Association". Der andere Weg führte zum Rugby. Doch weil der sich als Football-Urform betrachtete, nannte er den Sport der Abtrünnigen „Soccer", abgeleitet von „As-soc-iation." Und weil die Amerikaner ihren rugbyähnlichen „American Football" sowieso als das Alleinseligmachende ansehen, ist unser Fußball für sie eben „Soccer".

In Europa aber nahmen dieser und sein Regelwerk in nur wenigen Jahrzehnten eine rasante Entwicklung.

1866. Eckstoß und Freistoß werden eingeführt. Die Spieler müssen noch Mützen tragen und Hosen, die bis über die Knie reichen.

1871. Nur dem Torwart bleibt es gestattet, den Ball anzufassen. Ein Team wird auf elf Spieler, ein Spiel auf 90 Minuten begrenzt.

1872. Glasgow erlebt das erste Länderspiel mit Schottland – England, das 0:0 endet.

1872. Die ersten deutschsprachigen Regeln erscheinen, und in Braunschweig bildet sich die erste deutsche Mannschaft.

1875. Am Tor hat das Stoffband ausgedient, eine Querlatte muß her.

1877. Nun gibt es den ersten Feldverweis.

1878. In England erklingt die erste

. . . – verwandelte sich in der Neuen Welt in American Football.

In vielen Ländern wurde Fußball zu einer die Nation beherrschenden Leidenschaft. Dazu gehören die WM-Finalisten '94, Brasilien (Romero/links) und Italien (Maldini) – zusammen siebenmal Weltmeister.

Schiedsrichterpfeife. Doch noch amtieren zwei Unparteiische, die durch einen „Referee" von außerhalb beaufsichtigt werden.
1880. Der Einwurf wird gestattet, zwei Jahre drauf muß er beidhändig ausgeführt werden.
1889. Der „Referee" wird nun Alleinentscheidender, mit zwei Linienrichtern als Helfer.
1891. Der Strafstoß (Elfmeter) wird beschlossen.
1904. Ohne die Briten wird der Fußball-Weltverband in Paris gegründet. Die Hosen brauchen nicht mehr die Knie zu bedecken.
1906. Der Fußball muß nun endgültig aus Leder sein. Die Schuhe dürfen außerdem keine Metalleinlagen mehr haben.

Der Torwart wird beim Strafstoß auf die Torlinie verbannt.
1907. Abseits gibt es nur noch in der gegnerischen Hälfte.
1924. Der Torerfolg aus einem Eckstoß wird möglich.
1925. Die noch heute gültige Abseitsregel legt fest, daß beim Abspiel zwei Gegner (bis dahin drei) näher zur Torlinie sein müssen.
1939. Die Spieler bekommen Rückennummern.
1951. Der Ball darf wegen des Fernsehens nun auch weiß sein.
1965. In England wird die Auswechslung eines verletzten Spielers gestattet. Die Bundesliga folgt damit erst 1967.
1970. Erstmals werden bei der WM Gelbe und Rote Karten gezeigt.

KLEINES STREET SOCCER-LEXIKON

Abfälschen – der Ball verändert durch Berührung eines anderen Spielers seine Laufrichtung.
Abschlag – der Torwart bringt den gefangenen Ball mit dem Fuß wieder ins Spiel.
Abseits – ist im Street Soccer aufgehoben.
Abstauber – ist ein im Nachsetzen erfolgreicher Spieler.
Abstoß – der ruhende Ball wird vom Torwart aus dem Torraum ins Spiel gebracht.
Allroundspieler – er kann auf allen Positionen eingesetzt werden.
American Football – eine aus dem Rugby entstandenes Ballspiel, in dem der eiförmige Ball geworfen, getragen und getreten werden darf.
Anschneiden – versetzt den Ball durch seitliche Berührung in Drehung.
Aufsetzer – ein Ball, der durch Bodenberührung schwer berechenbar wird.
Aufstützen – unerlaubte Stützhilfe bei Kopfbällen.
Aufwärmen – unbedingt nötige körperliche Vorbereitung.
Ausputzer – der letzte und vor allem freie Verteidiger vor dem Torwart.
Back – ist im Englischen ein Verteidiger.
Behinderung – regelwidriges Stören, ohne selbst im Ballbesitz zu sein.
Beidbeinig – dann ist man mit dem linken wie rechten Fuß gleich gut.
Center Forward – ist im Englischen der Mittelstürmer.
Copa, Coupe, Cup – heißt Pokal auf italienisch, französisch, englisch.
Corner – heißt Ecke (Eckstoß).
Deckung – ist die Bewachung eines einzelnen Spielers wie auch die allgemeine Bezeichnung für eine Verteidigung.
Direktspiel – ist das sofortige Weiterleiten des Balles.
Doppelpaß – heißt der schnelle, direkte Ballwechsel zweier Angreifer.
Dribbeln – dabei führt man den Ball dicht am Fuß, um den Gegner zu überspielen.
Drop kick – ist der „Tropfen-Schuß", also der Tritt an den Ball sofort nach dessen Bodenberührung.
Effet – nennt man die Eigendrehung des Balles, die eine unberechenbare Flugkurve erzeugt.

Fair – bedeutet im Englischen sportlich korrekt, ehrlich, vorbildlich, anständig.
Fallrückzieher – ist der spektakuläre Schuß im Fallen mit dem Rücken zum Tor.
Fan – ist die Kurzform vom englischen fanatic (schwärmerisch).
Flanke – heißt das hohe Zuspiel von der Seite.
Foul – steht im Englischen für schmutzig, unsauber, unredlich, verdorben, gottlos.
Gestrecktes Bein – ist die verletzungsträchtige Attacke mit steifem Bein auf den Gegner.

Goal – ist im Englischen das Tor, das Ziel.
Goalgetter – ein Torjäger.
Hackentrick – das Spielen des Balles mit der Ferse.
Hat-Trick – drei Treffer eines Spielers in Serie binnen einer Halbzeit.
Indirekter Freistoß – verlangt eine zweite Ballberührung, um als Treffer zu gelten.
Kapitän – Spielführer und Sprecher einer Mannschaft, hieß früher „Spielkaiser".
Keeper – ist der Torwart.
Kerze – so heißt ein steil aufsteigender Ball.

KLEINES STREET SOCCER-LEXIKON 21

Aufstützen beim Kopfball verboten – Hände weg!

◀ **Preßschläge haben meist keinen Gewinner ...**

Kick and rush – ist das eher planlose Spiel mit „treten und laufen".
Konter – der aus der Abwehr heraus geführte überraschende Gegenstoß.
Kreiseln – läßt den Ball in wechselnden Richtungen kreisen.
Lattenkreuz – ist der Schnittpunkt von Torpfosten und Torlatte.
Läufer – nannte man das frühere Bindeglied zwischen Abwehr und Angriff (englisch: Halfback).
Libero – ist der freie Mann (italienisch), der sich in Abwehr wie Angriff einschalten soll.
Manndeckung – da hat jeder Spieler seinen direkten Gegenspieler.
Match – ist der Wettkampf (englisch).
Mauer – ist die Kette vorm Tor bei Freistößen.
Mauern – steht für übertriebene Defensive.
Nachschuß – wird nötig, wenn der Ball vom Torwart abgewehrt wird oder vom Tor zurückspringt.
Notbremse – stoppt den Gegner regelwidrig unmittelbar vor der Toraktion. Verlangt die Rote Karte.
Parade – wird die spektakuläre Torwartaktion genannt.
Paß – ist das Zuspiel, reicht vom Fehlpaß bis zum Traumpaß.

22   BEVOR ES RICHTIG LOSGEHT

Der Fallrückzieher gehört zur hohe Schule der Technik

Penalty – heißt „Strafe" im Englischen und überall auch Strafstoß.
Pokalsystem – es kommt nur der Sieger in die nächste Runde.
Preßschlag – dann treffen zwei gleichzeitig den Ball.
Professional – ist ein Berufsspieler (Profi).
Raumdeckung – meint die Beobachtung und Kontrolle von Zonen. Gegensatz: Manndeckung.
Referee – ist der Schiedsrichter (kurz: Ref).
Remis – nennen Franzosen das Unentschieden.

Riegel – ist die schematisierte, gestaffelte Abwehrlinie.
Rist – heißen die Innen- oder Außenseite des Fußes.
Rochade – dann wechselt man im Spiel die Seiten.
Scherenschlag – dabei wird im Sprung das Absprungbein zum Schuß und das andere Bein zum Gegenschwung genutzt.
Schiedsrichterball – heißt die Spielfortsetzung, bei der er den Ball aus Brusthöhe gerade herunterfallen läßt.
Schlenzer – ein mit Drehung (Effet) gespielter Ball.
Setzen – dann werden starke Mannschaften auf Losplätze gesetzt, die ein frühes Aufeinandertreffen vermeiden.
Sliding Tackling – ist das Hineingrätschen in den Gegner und nur regelgerecht, wenn es den Ball trifft.
Soccer – leitet sich von „Football Association" ab.
Spann – nennt man den Fußrücken.
Steilpaß – ist das weite, mehrere Gegner passierende Zuspiel.
Stopper – hieß der Mittelverteidiger im früheren Spielsystem.
Tackling – bedeutet im Englischen Angriff auf den Gegner.
Unterlaufen – dann wird ein Gegner beim Hochspringen gestoßen.
Volley – damit leitet man den aus der Luft angenommenen Ball direkt weiter.
Vorschlußrunde – ist das Treffen der letzten vier (auch Halbfinale).

KLEINES STREET SOCCER-LEXIKON 23

Aufwärmen ist Pflicht! Es geht mit und ohne Partner. Unverzichtbar sind Dehnübungen.

Sliding Tackling ist fair, wenn es dem Ball gilt.

LOTHAR MATTHÄUS: DER JÜNGSTE MIT DEM BALL

Lothar Matthäus, Kapitän des Deutschen Meisters 1994, FC Bayern München. Manchmal locken auch ihn noch die heimatlichen Straßen von Herzogenaurach (Seite 24/25).

Lothar Matthäus, Kapitän der Fußball-Nationalelf, Weltmeister von 1990, Rekordnationalspieler des deutschen Fußballs und auf dem Wege zum Weltrekord der 125 Länderspiele des englischen Torwarts Peter Shilton, ist ein Mann des Street Soccer. Dazu bekennt sich der Star des Rekordmeisters FC Bayern München.

Was war denn Ihre Straße im heimatlichen Herzogenaurach in Franken?
Meine Mannschaft war die Würzburger Straße. Etwa hundert Meter von meinem Elternhaus entfernt, haben wir auf einem Weg gespielt, der ohne Autoverkehr war. Das war der Herrengraben. Das Klettergerüst an seinem Ende war unser Tor. Dort haben mein vier Jahre älterer Bruder Wolfgang und ich uns immer getummelt. Oder wir gingen in den nahen Wald. Dort waren die Bäume unser Tor. Wenn wir keine Partner hatten, kam auch unsere Mutter mal mit und stellte sich ins Tor. Besser zu sein als mein Bruder war mein erster Antrieb.

LOTHAR MATTHÄUS: DER JÜNGSTE MIT DEM BALL

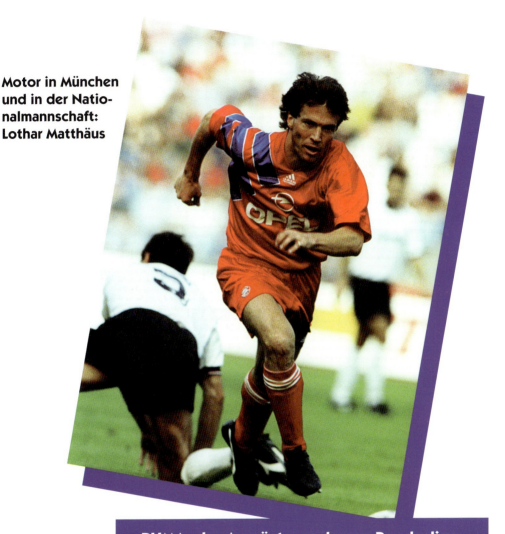

Motor in München und in der Nationalmannschaft: Lothar Matthäus

> PUMA, der Ausrüster mehrerer Bundesligateams, entdeckte den Straßenfußball vor der Haustür neu – und mit ihm die Straßenkicker von Flensburg bis Garmisch. Der Run der Kids war wirklich echt cool.
> **kicker Sportmagazin**

Was hat der Straßenfußball bei Ihnen besonders gefördert?
Na vor allem die Technik. Und er hat mir beigebracht, mich durchzusetzen. Ich war immer ein schlechter Verlierer. Da habe ich auch vor Wut schon mal geheult. Manchmal sind auch die Fetzen und Fäuste geflogen. Dann wollte ich eben auch im Streit gewinnen. Wenn wir konnten, haben wir wegen des Fußballs uns sonntags früh auch um die Messe herumgedrückt. Die anderen mußten uns dann erzählen, über was der Pfarrer gepredigt hat. Damit wir zu Hause was zu erzählen hatten. Viel geholfen hat's aber nicht.

Welche Beziehung hatte denn Ihr Vater zum Fußball?
Wir wohnten gegenüber dem PUMA-Werk, und dort war unser Vater beschäftigt. So kamen wir immer zu ziemlich neuen Bällen, was ja viel wert war. Vater hatte immer Verständnis für uns, auch wenn mal eine Fensterscheibe zu Bruch ging.

Mit den Bällen waren Sie ja bei den anderen in einer herausgehobenen Position.
Natürlich. Wer den Ball mitbrachte, bestimmt auch, wer mitspielen durfte und wann Schluß war. Ich war zwar der Jüngste, durfte aber deswegen immer mitmachen. Dabei lernte ich, mich gegen die Größeren und Älteren zu behaupten. So habe ich mir auf der Straße die Anfänge des Durchsetzungsvermögens beigebracht.

Was ist denn aus den anderen geworden?
Bis zur Jugend haben einige ja noch mitgehalten. Aber dann kamen die anderen Interessen. Die Teilnahme am Straßenfußball ist ja allein keine Garantie für eine Karriere als Bundesligaspieler. Dazu gehört viel mehr.

Welchen Nutzen haben denn solche Turniere?
Es gibt ja viele Jugendliche, die gern Fußball spielen, ohne gleich in einen Verein einzutreten. Die wollen sich dennoch mit anderen messen. PUMA verschafft ihnen die Möglichkeit, eine Art Stadtmeisterschaft auszutragen. Und so ein Turnier mit einfachen Regeln, bei dem der Ball immer rollt, macht jedem Spaß, auch den Zuschauern in den Innenstädten, wenn der Fußball hautnah zu ihnen kommt. Bei uns in Herzogenaurach war es immer schwierig, Straßenturniere auf die Beine zu stellen. Deswegen ist es gut, wenn sich so eine Firma darum kümmert.

Und was kommt nach so einem Turnier?
Das wichtigste ist erst mal der Spaß, den die Kids haben. Sie müssen gern mit ihren Freunden auf den Fußballplatz gehen. Wenn ihnen das Kicken auf der Straße nicht mehr reicht, wenn sie Gefallen am Fußball gefunden haben, dann gibt es ja die Sportvereine für sie, wo es dann richtig losgeht.

SCHWARZE PERLEN UND BUNTE VÖGEL

Wo Strand-Soccer den Street Soccer ersetzt, kommt jeder ins Schwärmen. „Die Brasilianer sind zum Fußball geboren", rief Meistertrainer Hennes Weisweiler aus, als er Rios Copacabana erlebte. Tausende kaffeebrauner Balljäger in Aktion! Ein Massenaufmarsch exzellenter Ballkünstler. In Barcelona und bei Cosmos New York war der einstige Gladbacher Coach mit den Allerbesten in Kontakt gewesen. „Aber die hier zu erlebende Talentfülle ist wie der Amazonas. Wenn ich wüßte, wohin mit ihnen, würde ich ein Dutzend mit nach Europa nehmen."

Als Brasilien 1994 in den USA die vierte Weltmeisterkrone eroberte

**Brasiliens Kids
träumen davon, einmal wie
Pele und Garrincha zu werden, die 1958
den ersten WM-Titel für „Brasil" erkämpften.**

**Am Strand wie auf den Dächern
von Rio ist Soccer das beliebteste
Freizeitvergnügen.**

SCHWARZE PERLEN UND BUNTE VÖGEL

Pele und Garrincha ▶

und sich von Italien und Deutschland mit ihren drei Titeln absetzte, wertete das die Fachwelt als fälligen Tribut an jenes Land, das vom Katholizismus und Fußball beherrscht wird. Die Urzelle der zweiten „Religion" aber heißt Copacabana, jener glattgespülte, weite, unübersehbare Strand von Rio.

Vor mehr als hundert Jahren zog es die Matrosen der vor Rio de Janeiro ankernden britischen Schiffe auf die riesigen Sandplatten, um sich mit Kicken die Zeit zu vertreiben. Staunend sahen es die Einheimischen. Dann probierten sie es selbst und spürten sehr bald, daß sie Gefühl für den Ball hatten. Studenten organisierten sich als erste in Klubs. Farbige blieben ausgeschlossen. Nach dem Ersten Weltkrieg änderte sich das. Und mit Arthur Friedenreich, Sohn eines Deutschen und einer Mulattin, kam der erste Farbige ins Auswahlteam. Die barfüßigen Negerjungen, die auf jedem freien Fleck kickten, hatten nun auch ihr Idol.

„Sete de Sétembro" nannte sich eine Barfuß-Truppe im Staate Minas Gerais, die 1952 einen 12jährigen aufnahm, den sie bald „Pele" rief – schwarze Perle. Edson Arantes do Nascimento hieß er, und Erdnüsse stehlen und Schuhe putzen mußte er, um sich die ersten Fußballstiefel kaufen zu können. Dodinho, Papa und Stürmer beim AC Bauru, zeigte Edson noch einiges von dem, was er wußte und konnte. Dann holte sich der berühmte FC Santos den erst 16jährigen, ließ ihn sofort als Profi und auch gleich noch im Nationalteam gegen Argentinien debütieren. Noch verlor man 1:2. Aber 1958 wirbelte Brasilien die Elite durcheinander und wurde erstmals Weltmeister, mit dem noch 17jährigen Pele als Torjäger. In sechs Jahren vom Barfuß-Kicker im „Street-Soccer" zum Weltstar. Solche Fußballmärchen werden nur in Brasilien geschrieben. Als Pele 1969 sein 1000. Tor erzielt hatte, läuteten alle Kirchenglocken im riesigen Lande.

Copacabana aber hieß die Schule jenes Mulatten, der 1958 an Peles Seite die Könner narrte. Weil er früher auch gern bunte Vögel, die Garrinchas, fing, hatte man ihm, der eigentlich Manoel Francisco dos Santos hieß, diesen Namen gegeben. Als Krüppel war er am Rande von Rio geboren worden. Ein Arzt wagte die Operation, damit Manoel überhaupt laufen konnte. Ein Bein blieb deswegen um sechs Zentimeter kürzer – und nach innen gebogen. Gar-

»Zurück zu den Wurzeln des Fußballsports«
Aachener Woche

SCHWARZE PERLEN UND BUNTE VÖGEL

rincha rannte nicht, er schaukelte über den Platz. „Aber am Strand holten sie mich ständig in ihre Mannschaften. Ich trickste sie alle aus", erinnerte er sich. „Dort geht's ja zu wie beim ‚großen' Fußball, mit Jerseys, festen Toren, Schiedsrichtern – nur eben barfuß. Dort kriegt man Gefühl für den Ball." Und zwischen den ungezählten Feldern dribbeln, köpfen, jonglieren die ganz jungen Ballbesessenen.

Als 20jähriger wagte sich Garrincha zum großen Botafogo Rio, wo ihn der Spott von Nationalverteidiger Nilton Santos empfing. „Was wollen wir denn mit diesem Vogel?" Als jener ihn im Training einige Male genarrt hatte, durfte der „Vogel" landen. Mit 22 rief ihn Nationaltrainer Feola, mit 25 war Garrincha Weltmeister. „Wenn Pele das Genie ist, dann ist Garrincha das Blut unseres Fußballs", urteilte Feola. 1962 in Chile führte Garrincha Brasilien für den damals verletzten Pele zum Titel Nummer 2.

„Seine nach einer Seite gebogenen Beine verwirrten jeden, weil man meinte, Garrincha habe bereits seine Körpertäuschung begonnen. Dabei stand er noch still", bekannte sein sowjetischer Gegenspieler Boris Kusnezow. „Was er vorhatte, war deswegen nie zu erraten. In der Kraft seiner Startschnelligkeit übertraf er dann alle. Bei 10-m-Sprints mit dem Ball wäre er Weltrekordler geworden. Einem so eigenartigen Typ bin ich nie wieder begegnet."

Pele, die schwarze Perle, ist zum Multimillionär aufgestiegen und ein Mann mit großem politischen Einfluß geworden. Garrincha, der bunte Vogel, starb 49jährig und völlig verarmt. Zehntausende trugen ihn zu Grabe, verwüsteten in ekstatischer Trauer den kleinen Friedhof. Schamlos ausgebeutet, war Garrincha auch zum Trinker geworden. Seine drei Frauen hatten ihn mit sieben Töchtern beschenkt, er aber wünschte sich Fußballer. So adoptierte er drei Jungen aus dem Waisenhaus. Politiker und Fußballstars, auch Pele, fehlten an seinem Grabe. Der Gescheiterte aber ist heute populär wie eh und je.

Denn unverändert gilt, was Tele Santana, WM-Trainer von 1982 und 1986 sagte: „Für den Brasilianer ist Fußball sein Leben, um das er sich mehr kümmert als um die eigene Existenz. Wenn er zu entscheiden hat zwischen Fußball und Essen, kauft er sich eine Eintrittskarte."

Im Dezember '94 wird Pele zum Sportminister Brasiliens ernannt. Er kündigt an, für die Straßenkinder Sportschulen einzurichten.

»DAS DING! DER STREET SOCCER CUP« BILD

ANDREAS KÖPKE: DIE GANZ NORMALEN DINGE

Nationaltorwart Andreas Köpke, der „Fußballer des Jahres 1993", schaut mit Hochachtung auf die jungen Torsteher im Street Soccer. „Für sie ist es mit am schwierigsten, schon vom Belag und vom harten Untergrund her. Aber auch die kurzen Entfernungen, aus denen geschossen wird, stellen die Jungen auf schwere Proben." Hinzu kommt die mehr und mehr geforderte Bewährung im Spiel selbst. „Obwohl der Torwart nicht seinen Strafraum verlassen darf, ist er doch ständig ins Spielgeschehen eingebunden. Sein spielerisches Können wie auch sein Reaktionsvermögen durch die Schüsse aus Nahdistanz werden also extrem gefördert."

Die neue Regel, die den Rückpaß zum Torwart verbietet, hat ihm schon deswegen keine Probleme bereitet, „weil ich als Junge so gut wie nie im Tor gespielt habe. Ich wurde überall aufgestellt, rechts, links, vorn, hinten. Das hat mich am Ball geschickter und körperlich robuster gemacht. Ich habe also mit viel Spaß gelernt, mich technisch zu behaupten, was mir heute zugute kommt."

Andreas Köpke zeigt, wie der Ball mit Händen und Körper zu sichern ist.

ANDREAS KÖPKE: DIE GANZ NORMALEN DINGE

Von Holstein Kiel über die Berliner Klubs SC Charlottenburg, Hertha BSC zum 1. FC Nürnberg und nun zu Eintracht Frankfurt führte der Weg des ehrgeizigen Norddeutschen. Mit 28 Jahren erlebte er die erste Länderspielberufung, mit 32 Jahren wurde er nach der WM '94 in den USA die deutsche Nummer 1. Lohn der Beharrlichkeit und gleichbleibend hoher Leistungskraft. Denn gegenüber seinen 1,82 m Größe haben andere die Idealmaße. Köpke hat sie dennoch alle überflügelt.

Sein Rat an die jungen „Hexer" zwischen den Pfosten hat also Gewicht. „Im Torwartspiel gibt 's immer wiederkehrende Bewegungsabläufe, die ihr frühzeitig trainieren müßt: Wie man den Ball fängt, wie man sich abrollt, wie man richtig springt, wie man sich auf den Ball zubewegt und wie man ihn sichert. Das müßt ihr am Anfang immer wieder üben. Je besser man das beherrscht, um so größer wird auch der Spaß daran. Und dann ist solches Training auch nicht mehr belastend, sondern macht Laune, immer mehr." Auch deswegen fordert Andreas Köpke für das Training im Street Soccer: „Der Ball muß immer dabeisein, wenn geübt wird. Nicht Rundenlaufen ist wichtig, sondern Spiel, Technik und der Spaß."

Doch selbst wenn er und seine Torwartkameraden unmittelbar vor Länderspiel-Bewährungen stehen, wartet auf sie das härteste Trainingsprogramm von allen. Torwart-Trainer Sepp Maier, selbst Weltmeister, holt aus ihnen das Letzte heraus: Hechten, Springen, Fangen, Fausten, Rollen. Die ganz „normalen" Torwart-Dinge in dauernder Wiederholung. Damit die Perfektion bleibt!

Ein Torwart mit sicherem Griff: Andreas Köpke. Da können Bruno Labbadia (Köln/links) und Ralf Weber (Frankfurt) nur zuschauen.

ANTHONY YEBOAH: STERNE AM HIMMEL DES SÜDENS

„Es war Winter und kalt in Deutschland, als ich mich in Dortmund zum Probetraining stellte. Ein Deutscher, den ich in Ghana kennenlernte, hatte das vermittelt. Aber alles war so ungewohnt. Ich war schlecht drauf. Und die Borussia hatte gerade Möller und Rumenigge verpflichtet. So wanderte ich zum 1. FC Saarbrücken weiter."

Anthony Yeboahs Einstand 1988 in Deutschland war also keineswegs mit Rosen bestreut. 22 Jahre alt war er damals und hatte „wie alle Fußballer in Afrika von Europa geträumt". In Saarbrücken taute der Athlet aus Ghana auf, und so holte ihn sich 1990 die Frankfurter Eintracht. Dort wurde er zum Schützenkönig der Bundesliga, 1993 zusammen mit dem Leverkusener Ulf Kirsten (je 20 Tore), 1994 gemeinsam mit dem Lauterer Stefan Kuntz. Jeder von beiden traf 18mal, aber Yeboah hatte wegen einer schweren Verletzung viereinhalb Monate und bei elf Spielen nur zuschauen können.

Zu Hause in Ghana nennt man ihn „Jaw", was „Donnerstag" heißt, sein Geburtstag. Anthony Yeboah bekennt, daß es „schon mit sechs Jahren bei mir richtig losging. Denn da bekam ich auch schon meine ersten Fußballschuhe. Und so spielten wir mit der ganzen Familie, dem Opa, dem Papa, meinen drei Brüdern."

Auf den Straßen von Kumasi begann die Karriere des Weltstars Anthony Yeboah. „Eigentlich war nur der Ball unser wichtigster Trainer." Und nach „Street Soccer" klingt auch Yeboahs erster Verein: Corner Stones (Ecksteine) Kumasi.

In dieser Region leben die Ashanti, ein besonders kämpferisch eingestelltes, stolzes Volk. Im Fußball

ANTHONY YEBOAH: STERNE AM HIMMEL DES SÜDENS

verwirklichen die Ashanti heute ihren Ehrgeiz, ihr Selbstgefühl. Für Yeboah war das Amt eines Kapitäns, das ihm als erstem Afrikaner bei einem Bundesligaklub anvertraut wurde, wie eine symbolische Fürstenkrone in seiner Heimat. Und so zerbrach im Winter 1994 die Ehe Eintracht-Yeboah, als der Kapitän zum „Straftraining" befohlen wurde.

Ghanas Talente haben sich mittlerweile über ganz Europa verstreut, weil sie sich auch bei großen Turnieren zeigen konnten. Bei den Junioren unter 17 wurde man 1991 Weltmeister und bei denen unter 20 Jahren 1993 Zweiter.

Anthony Yeboah hat nie vergessen, woher er kam. „Wenn ich zu Hause in Kumasi auftauche, dann warten die Jungen schon an der Haustür und laden mich ein, mit ihnen auf der Straße zu spielen. Das macht mir immer noch Spaß."

Yeboahs spektakulärstes Tor der Saison 1993/94 in München.

THOMAS DOLL: DER AUFSTIEG DES KLEINEN JONGLEURS

Es war 1991 ein warmer Juni. Die Sonne strahlte über dem Ostseebad Damp. Doch deswegen waren einige Dutzend Jungen nicht an die See gekommen. Von Fußball-Stars wie Karl-Heinz Rummenigge, Paul Breitner und Thomas Doll wollten sie sich abschauen oder hören, wie sie ihr Talent entwickeln könnten. Von Damp reiste Doll nach Rom. Lazio, der römische Nobelklub, hatte für den Star aus dem deutschen Osten 16 Millionen Mark ausgegeben. Ein Jahr früher hatte der HSV Doll für nur zwei Millionen vom FC Berlin, dem früheren BFC Dynamo, erworben. Vier Millionen flossen auf Dolls Konto.

„Dabei bin ich ein Straßenfußballer wie ihr gewesen", erzählte er den Jungen. „In meiner kleinen mecklenburgischen Heimatstadt Malchin habe ich angefangen wie jeder. Ich ging mit zwei Beuteln zur Schule. In einem waren meine Bücher, im anderen der Ball. Nach der Schule flogen die Taschen weg, und los ging es." Der Papa assistierte mit ersten Ratschlägen.

Aber da war noch der besondere Funke gewesen, der den Stern des Talents im abgelegenen Malchin zum Leuchten brachte. Eine Jugendzeitung hatte zur „Stunde der Jongleure" aufgerufen. „Dabei habe ich 750mal den Ball auf Fuß und Kopf tanzen lassen. Damit war ich als erster Elfjähriger der Beste." Zwei Jahre später siedelte der nun 13jährige in die Kinder- und Jugend-Sportschule nach Rostock und zum FC Hansa über.

Die Jugend-A-Europameisterschaft wurde 1984 in Moskau für den 18jährigen zur ersten internationalen Bewährung. Olaf Marschall (heute 1. FC Kaiserslautern), Ulf Kirsten, Andreas Thom (Bayer Leverkusen), Heiko Bonan (Karlsruher SC) stürmten neben Doll. Aber man

Der Malchiner in Frankfurt: Thomas Doll ...

THOMAS DOLL: DER AUFSTIEG DES KLEINEN JONGLEURS

scheiterte 0:1 an der UdSSR und an Valdas Ivanauskas (HSV).

„Ich wollte Meister werden, und als Rostock 1986 sogar aus der Oberliga abstieg, war für mich der Berliner FC Dynamo die richtige Adresse, zumal ich wieder mit meinem Freund Andy Thom zusammenkam." Thomas Doll wollte nach oben, und er tat alles mit Konsequenz. Als er 1990 zum Hamburger SV wechselte, hatte er in 29 Länderspielen für die DDR sieben Tore erzielt, in 146 Oberligaspielen für Rostock und Berlin deren 43.

Und seine tollen Dribblings beim HSV begeisterten auch die italienischen Späher. Beim ersten Lazio-Training applaudierten 10 000 Tifosi.

Es wurden keine Jahre voller Wonne und Sonne in Rom. Verletzungs-Rückschläge, Pausen, Tribünenplätze als überzähliger Ausländer, Verlust des Auswahlplatzes und keine WM-Fahrkarte. Dankbar griff Doll zu, als Eintracht Frankfurt ihn rief. Einmal Straßenfußballer – immer Straßenfußballer. Doll: „Das ist wie eine Droge. Und 18 Spiele im DFB-Dreß sollen nicht mein letztes Wort sein."

Die Kurven des Thomas Doll sind gefürchtet. Hier schaut der Hamburger Stefan Schnoor verblüfft hinterher.

RUDI VÖLLER: BALLGEFÜHL BRAUCHT ZEIT

„Nehmt den Ball mit ins Bett!" Dies rät ein Weltmeister, der eine ganz besondere Beziehung zu dieser Lederkugel hat. 1986, 1990 und 1994 spielte Rudi Völler bei drei Titelkämpfen um den Weltcup, wurde fünfzehnmal eingesetzt, wobei ihm acht Tore gelangen. In Völlers Fußball-Leben dominierte immer der Leitspruch: „Erfolge hat nur der, der auch den Ball beherrscht."

Die Jahre des Hineinfindens hat Rudi Völler (13. 4. 1960) bis heute nicht vergessen. „So früh bin ich gar nicht in einen Verein gekommen. Wir waren die Truppe von der Lamboystraße im hessischen Hanau. Dort haben die Straßengangs ständig gegeneinander gespielt. Unser

Ruuuuudis Autogramme stehen ganz hoch im Kurs.

Training begann gleich nach der Schule. Autoreifen, Stangen, Mappen, Steine waren unsere Pfosten. Und im Streit um ‚Tor oder nicht Tor' haben wir uns auch mal geprügelt. Als ich sieben war, ging es so schon richtig los."

Für Völler waren es wichtige Lehrzeiten, die auch nicht aufhörten, als das Vereinstraining für ihn begann. „Auf der Straße habe ich mir den Mut zu Tricks und Täuschungen geholt. Weil ich da immer wieder üben konnte. Heute hat sich die Technik enorm entwickelt, aber gewisse Dinge muß auch ich noch ständig trainieren und wiederholen, damit sie ganz automatisch gelingen."

Die Bundesliga und ihre Fans haben ein Idol wieder: Rudi Völler, der nun für Bayer Leverkusen stürmt.

Weil das „Damals war's" noch frisch in Völlers Erinnerungen steht, hat er auch gleich eine Antenne für den Street Soccer gehabt. „Weil der Platz eng ist, jeder ständig an den Ball kommt, entweder stürmen oder verteidigen muß, ist das eine ideale Sache. Sie macht Spaß, und hier können sich die Talente entwickeln, die wir brauchen."

Völler kann fußballerisch aus dem Erfahrungsschatz von 25 Jahren schöpfen, die ihn über 1860 Hanau, Offenbacher Kickers, München 1860, Werder Bremen, AS Rom, Olympique Marseille zu Bayer Leverkusen führten. Ein Weg durch drei Länder! Völler kennt alle Tricks, alle Finten. Deswegen rät er seinen Nachfolgern:

• Teilt euch die Aufgaben auf. Drei im Feld und ein Torwart – das verlangt die Arbeitsteilung. Einer muß sichern, wenn die anderen auf Torjagd gehen. Also nicht alle zum Ball rennen. Die Aufgaben sollten natürlich ständig gewechselt werden.

• Sechs Feldspieler auf kleinem Feld – da gibt es nicht viel Platz. Den nutzt man am besten, wenn man den Ball flach hält und mit kurzen, schnellen Pässen weiterleitet. Aber das muß auch ständig trainiert werden. Wenn ihr darin sicher seid, dann haben eure Tricks, die ihr euch so einfallen laßt, auch mehr Wirkung.

• Bei nur 1,30 m hohen Toren sind Kopfbälle sowieso ziemlich sinnlos. Deswegen bringen hohe Flanken auf so engem Feld auch wenig Nutzen. Hechtflug-Kopfbälle sind auf harter Straße auch ein großes Wagnis. Schießt lieber mal aus größerer Entfernung, das überrascht den Torwart.

• Als Stürmer weiß ich, wie wirkungsvoll Sprints sind. Die müßt ihr ständig trainieren. Denn ohne sie kommt man vom Gegner nicht weg. Aber der Ball muß dabei auch beherrscht werden. Solche konditionellen Dinge dürft ihr nicht mißachten.

• Nutzt jede freie Minute, wo ihr auch seid, um eure Finten, eure Tricks zu üben. Kleine Bälle, große Bälle – womit ihr jongliert, das ist egal. Ballgefühl braucht Zeit, und Mißerfolg sollte keinen entmutigen.

Also vielleicht ist es wirklich am besten, mit dem Ball gleich schlafen zu gehen.

> Von wegen es gibt keine Straßenfußballer mehr. In Berlin kickten die besten im Finale des PUMA STREET SOCCER CUPS 94. Tore, Technik, Tempo – ein Riesenfußballfest und eine Empfehlung für den Bundestrainer, der die Talentsuche ja zu seiner Herzensangelegenheit gemacht hat.
> SPORT-BILD

ANDREAS HERZOG: DER SCHMÄH BLÜHT AUF DER STRASSE

„Alpen-Maradona" nennen sie ihn. Womit die Reporter ausdrücken wollen, daß Andreas Herzog für Österreichs Nationalelf von ähnlicher Wichtigkeit ist, wie es Diego Maradona in Argentiniens Weltmeisterelf von 1986 war. Sie applaudieren damit aber auch der glänzenden Technik des Wieners, der den Ball im Stile des Südamerikaners zu streicheln pflegt. Auch Andreas Herzog (10. 9. 1968) machen Torerfolge erst richtig Spaß, wenn ihnen gescheite Kombinationen vorausliefen. Deswegen testete er den Street Soccer vor allem auch darauf, ob er dem Fußballspiel auch weiterhilft.

Einer der exzellentesten Techniker der Bundesliga ist das „Herzerl" aus Wien (rechts) im Bremer Dreß.

„Er tut es!" So sein Urteil. „Denn er bietet den Kindern die Möglichkeit, den Fußball zu spielen, der ihnen liegt. Sie können tricksen, ohne daß der Trainer draußen steht und sagt: ‚Du darfst das nicht und jenes nicht.'"

Der Wiener Fußball (Andy Herzog spielte bei Vienna, Admira-Wacker und Rapid) ist berühmt für seinen „Schmäh", jene von Schlitzohrigkeit, von Tricks und Raffinesse geprägte Spielweise.

Seit 1992 bei Werder Bremen, hat Herzog dort auch in die kraftvolle Sachlichkeit der deutschen Bundesliga hineingefunden. Doch auf den „Schmäh" kann und will er nicht verzichten. Denn auch der hat ihn viel Schweiß gekostet. „Viel kann man sich von anderen Stars abschauen. Deshalb Augen auf! Aber dann muß das Üben, Üben, Üben folgen, das Passen, das Stoppen, das Dribbling um die Stangen herum, das Drehen und Wenden, die Gymnastik. Erst mit dem Können wächst der Spaß. Und der dauert auch länger, wenn man es kann. Wer technisch nicht so gut drauf ist, muß meist mit 30 schon aufhören."

Mit Ball und Vater, der auch in Österreichs Bundesliga kickte, ist er einst in die Parks und Gärten gezogen. „Denn die Straßen waren auch schon voll von Autos. Nach der Schule flogen die Mappen zur Seite, und los ging es. Das wünsche ich den Kindern von heute: Spaß am Fußball und die Erkenntnis, daß es nicht alles ist, vorm Fernseher oder vorm Computer zu sitzen. Auf so kleinen Feldern wie bei Street Soccer lernt man es ohne Zwang am schnellsten. Und wer richtig Freude dran hat, der kann sein Talent im Verein weiterentwickeln."

„Herzerl", der fast fünfzigmal für Österreich spielte, hat für jeden Tips, wie dem Spiel Impulse gegeben werden können:

• Der Ball muß immer am Boden bleiben. So kriegt man ihn am schnellsten unter Kontrolle. Fliegt die Kugel, braucht man Zeit, um sie wieder zu beherrschen.

• Stürmt nicht alle nach vorn, weil man nur die Gegentore erleichtert, wenn der eigene Ball abgewehrt worden ist. Das passiert auf kleinem Feld schneller als auf dem großen.

• Für das schnelle Hin und Her auf kleinem Feld ist Kondition nötig. Aber gute Technik hilft auch Kraft sparen.

• Man muß kein Muskelprotz sein, aber im Zweikampf auch mal

Die Kicker bekamen von PUMA für das Turnier 1793 Bälle und 62 210 T-Shirts.

den Körper gegenhalten können. Doch Kraft alleine hilft genausowenig weiter wie Technik allein. Diese aber muß man mit 16 oder 17 Jahren beherrschen, denn später lernt man nur noch wenig dazu.

• Nutzt die Bande als vierten Feldspieler. Das bereichert auch das mannschaftliche Zusammenspiel.

Andreas Herzog schaut respektvoll auf die Brasilianer, die heute wieder die Nummer 1 auf dem Fußball-Globus sind. Denn sie fanden die richtige Mischung. „Die Geschmeidigkeit der Afrikaner wie der Brasilianer war immer beeindruckend. Die Südamerikaner haben auch immer den schönsten Fußball gezeigt, doch vor allem mit ihrer Technik den Erfolg gesucht. Deswegen sind die Brasilianer zwanzig Jahre nicht Weltmeister gewesen. Jetzt wissen sie, daß auch Kraft und Taktik neben der Technik stehen müssen. Und das machte sie in den USA bei der WM 1994 so erfolgreich. Sie zeigen uns, wie wir zur Spitze kommen können. Fangt beim Street Soccer damit an!"

> »STREET SOCCER CUP powert die Kids zu Höchstleistungen«
> Mittelbayerische Zeitung

Pate und Vorbild für die Talente: Andreas Herzog

KALTSTARTS SIND SELBSTTORE

Motoren brauchen die richtige Betriebstemperatur. Sonst können sie ihre Kraft nicht loswerden. Das ist beim Auto so und beim Sportler nicht anders.

Dessen Normaltemperatur liegt wie bei jedermann bei 37 Grad. Doch höchste Wettkampfleistungen werden bei etwa 38,5 Grad Körperkerntemperatur erreicht. Das „warm up" (10–15 min.) betreibt also jeder, der schnell auf hohe Leistungen kommen will.

Der erste Teil jedes Trainings und vor allem jeden Wettkampfes muß also „Erwärmung" heißen. Denn Energie bildet sich im Körper aus chemischen Reaktionen. Und Energieumwandlung setzt im Körper Wärme frei. Deshalb heißt es, sich schon vor dem Anpfiff intensiv zu bewegen. Zu empfehlen sind:

- Eine Gymnastik, die den ganzen Körper beansprucht.
- Dehnungs- und Lockerungsübungen der Bein-, Brust-, Rückenmuskulatur; wobei das „Stretching" (die gehaltene Dehnung) unbedingt den Hau-ruck-Übungen vorzuziehen ist.

Der Ball braucht dabei nicht beiseite gelegt zu werden. Kleine Spiele erhöhen den Spaß. Die Ballgewöhnung gehört zum Pflichtprogramm. Denn Ballgefühl bringt Spielsicherheit. Also erst mal jonglieren, links und rechts, balancieren, den Ball an Wand oder Bande prallen lassen und Stoppen üben.

Wer sich gut erwärmt hat, erhöht Kraft, Schnelligkeit und Ausdauer seiner Muskelgruppen, die eigene Reaktionsschnelligkeit und Beweglichkeit sowie die Konzentration.

Denn eine innere Temperatursteigerung bringt auch den Sauerstoff-Austausch in Gang, also die Bereitschaft des Blutes, den von ihr transportierten Sauerstoff an die Muskeln abzugeben.

Erwärmte Gelenke sind auch viel weniger anfällig für Verletzungen. Auf steinharten Flächen wie Straßen und Plätzen ist schnell etwas passiert. Kaltstarts schaden also auch im Street Soccer!

Kluge Leute haben gesagt: Nach dem Spiel ist vor dem Spiel! Sie meinen, daß ein Spiel nicht nach dem Schlußpfiff endet, sondern danach

KALTSTARTS SIND SELBSTTORE 49

schon die Vorbereitung des nächsten beginnt – auch die körperliche und konditionelle. Deshalb ist vielerorts zu erleben, daß die Fußballer noch einmal zurückkommen, wenn sich das Stadion geleert hat, und auf dem Rasen die Muskeln lockern, traben, sich dehnen, Gymnastik machen. Auf diese Weise treiben sie auch den Streß aus Nerven und Köpfen. Man macht sich fit für das nächste Match.

Jan Furtok bringt seinen „Motor" vor Anpfiff auf Touren.

WERKZEUG BRAUCHT PFLEGE

Das wichtigste Werkzeug des Fußballers sind seine Füße. Die muß er pflegen. Tägliche Waschungen sind unerläßlich. Wunden und Blasen sind täglich zu behandeln.

Wer zu lange Fußnägel hat, riskiert Blutergüsse und Verlust der Hornschichten. Also so kurz wie möglich schneiden.

Gelegentliche Fußbäder und gymnastische Übungen kräftigen das Fußgewölbe, bekämpfen den Schweißfuß. Wer daran oder an Pilzkrankheiten leidet, sollte den Arzt aufsuchen.

Deswegen auch Badesandalen in der Mannschaftsdusche benutzen.

Wechselduschen (dreimal warm/kalt) härten ab und verhüten Erkältungen. Wer danach mit nassen Haaren ins Freie geht, darf bald mit Schnupfen rechnen. Mütze also nicht vergessen.

Socken, Slips und Shirts aus schweißaufsaugender Baumwolle gehören zu jeder Sportkleidung. Frische Wäsche nach dem Duschen ist notwendig!

Ein gepflegter Soccer-Anblick ...

Wer erkältet ist, Zahnschmerzen hat oder verletzt ist, sollte dem Training fernbleiben.

Feuchte Fußballschuhe werden nicht achtlos in die Ecke geworfen, sondern mit Papier ausgestopft und zum Trocknen weggestellt. Aber nicht zu nahe an die Heizung. Danach folgt die Pflege mit Lederfett oder Schuhcreme.

Leistungssportler achten darauf, täglich genügend Frischobst, Rohkostsalate, Schwarzbrot, Milchprodukte, Fruchtsäfte zu bekommen. Für Kids sind fünf Mahlzeiten nötig: Frühstück, 2. Frühstück in der Schule, Mittagessen, Vesper, Abendbrot.

Und acht Stunden Schlaf mindestens! Am Fernseher wächst keine Leistungskraft.

Da wäre sie also wieder, die ärgerliche Kluft zwischen Wissen und Tun. Den gewohnten Bequemlichkeiten sollte man schon ganz bewußt zu Leibe rücken, wenn man im Sport etwas leisten will.

DER KOPF DIRIGIERT DIE FÜSSE

Fußball wird zwar mit den Füßen gespielt, aber im Kopf gestaltet. Das Verhalten im Spiel will genauso gelernt sein wie die Beherrschung des Balles. Erst das Eindringen in die Theorie der taktisch richtigen Handlungsweise führt zum erfolgreichen Nutzen des eigenen balltechnischen Könnens.

Also befassen wir uns doch erst einmal mit der eigenen Bewegung auf dem Platz.

»**Deutschland im Street Soccer Fieber**«
Neuwieder Rundschau

Kopfbälle sollten im Street Soccer die Ausnahme bleiben.

Den Zweikampf gewinnt, wer technisch, athletisch und taktisch der Bessere ist.

Ein Erfolgsrezept: Überraschend und plaziert schießen!

- Lauft nicht alle zum Ball, haltet eure Plätze ein!
- Mit jenem Spieler, der den Ball führt, sollte immer Blickverbindung bestehen.
- Schafft ihm dann auch mindestens zwei Abspielmöglichkeiten, indem ihr euch in die freien Räume bewegt!
- Auch wenn du den Ball nicht erhältst, mußt du versuchen, dich freizulaufen.
- Wird der Spieler mit Ball angegriffen, braucht er mindestens zwei Möglichkeiten zum Abspiel.
- Bildet Dreiecke, weil ihr euch damit Zuspielmöglichkeiten nach vorn wie zur Seite eröffnet!

DER KOPF DIRIGIERT DIE FÜSSE 53

• Wer sich auf den Außenpositionen anbietet, schafft damit Raum zur Spielverlagerung.
• Lauf dem Zuspiel entgegen und sichere den bedrängten Mitspieler durch deine Bewegung hinter den Ball! Das macht den Rückpaß möglich.
• Versuche, in den Rücken des Gegners zu kommen, und zwinge ihn, sich auf dich zu orientieren, was einem anderen den Raum zum Schuß oder Dribbling öffnet.

Nun holen wir uns den Ball dazu. Denn er ist der wichtigste Akteur, aber auch der eigenwilligste.

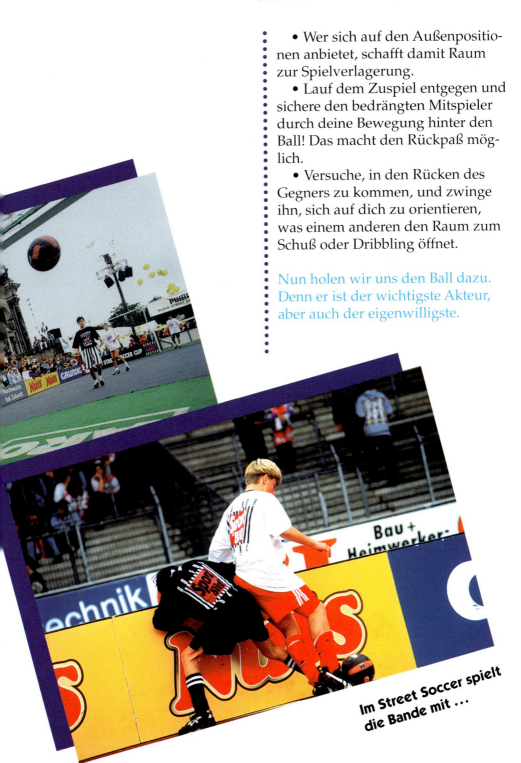

Im Street Soccer spielt die Bande mit …

Es gibt da ein paar Grundregeln, wie man aus ihm einen nützlichen Mitspieler macht.
- Spiele möglichst flach in den Lauf deines Mannschaftskameraden!
- Orientiere dich aber schon vor der Ballannahme über die Bewegungen der anderen und die Anspielmöglichkeiten!
- Spiele so scharf wie nötig und so genau wie möglich zu!
- Such dir keinen gedeckten Spieler zum Paß aus!
- Meist bestimmt der sich freilaufende Spieler die Richtung des Balles!
- Das Abspiel entgegengesetzt der Laufrichtung täuscht den Gegner, aber manchmal auch den eigenen Mann.
- Such dir vorerst den nächststehenden freien Mann! Das drosselt das Risiko.
- Querpässe müssen vom Gegner weggespielt werden, scharf und genau, um ihm keine Chance zum Konter zu schenken. Vor dem eigenen Tor sind sie sowieso riskant.
- Vorm gegnerischen Tor solltest du besonders scharf und genau zuspielen, und dies möglichst direkt, also mit Prallenlassen.
- Schnelles und direktes Spiel zwingt den Gegner, sich immer wieder umzustellen. Das eigene Überzahlspiel wird dadurch erst richtig gefährlich.

Die hohe Kunst des erfolgreichen Dribblings ist eine Würze des Street Soccers. Aber auch sie muß Nutzen für die mannschaftliche Leistung bringen. Das schließt den Selbstzweck sowieso aus. Voraussetzung ist natürlich die Beherrschung des Balles.
- Schau beim Dribbling nicht nur auf den Ball, sondern auch auf Gegner und Nebenspieler! Also: Kopf hoch!
- Bringe den eigenen Körper zwischen Ball und Gegner! Das erschwert ihm den Angriff. Und halte den Ball kurz!
- Dribbling ist sinnvoll, wenn ein Abspiel nicht möglich ist und man sich nur dadurch die Chance zum Torschuß oder eine Abspielmöglichkeit verschafft.
- Das gelungene Dribbling schafft eine kurzzeitige zahlenmäßige Überlegenheit. Nutze sie zum Abspiel oder Schuß!
- Mit dem Dribbling läßt sich auch eine taktische Spielverzögerung erreichen, was sich aber in der Nähe des eigenes Tores oft sehr schnell in große Gefahr verkehren kann.
- Das Dribbling könnte den Gegner in dessen Strafraum auch zum strafstoßreifen Foulspiel veranlassen.
- Weil der Ball immer der schnellste Mitspieler ist, bringen Dribblings im Mittelfeld oft nur unnötige Spielverzögerungen und erleichtern dem Gegner die Deckung.

- Dribbling ist also kein Selbstzweck, sondern ein taktisches Mittel. Weil es viel Mut erfordert, muß man es unverdrossen aufs neue wagen, auch wenn es mal schiefging. Übung macht erst den Meister.

Für jeden Trainer beginnt die Entwicklung des eigenen Spiels auf einer sicheren Abwehr. Auch für das Verhalten des einzelnen gibt es dabei Grundsätze. Wer sie mißachtet, schadet der eigenen Mannschaft, weil er für sie damit unerwartete Situationen entstehen läßt.

- Bei Ballverlust werden alle Angreifer sofort zu Abwehrspielern.
- Auf kleinem Spielfeld wird der Gegner gleich in der eigenen Spielentwicklung gestört, und dies vor allem bei eigener zahlenmäßigen Überlegenheit.
- Vor unserem Tor müssen wir eine zahlenmäßige Überlegenheit erreichen, um uns gegenseitig zu sichern.
- Störe den Gegner möglichst noch vor der Ballannahme oder im Moment, wo er es tut!
- Decke stets die innere, dem eigenen Tor zugewandte Linie!
- Vermeide als Abwehrspieler möglichst den unbedachten ersten Schritt!
- Schau immer auf den Ball und auf das „starke" Bein des Gegenspielers!
- Versuche, den Gegenspieler nach außen abzudrängen, und laß dich nicht nach innen in Richtung Tor umspielen!
- Auf kleinem Spielfeld ist eine sture Manndeckung uneffektiv. Wir greifen den an, der auf uns zukommt, decken also „im Raum", aber stören den Angreifer dann konsequent.
- Wer vorm Tor Bälle wegspringen läßt, liefert Torvorlagen für den Gegner. Leichtsinnige Querpässe wirken genauso.

Aber nun greifen wir endlich selbst an. Das macht jedem Fußballer sowieso am meisten Spaß. Doch auch da gilt die Regel, daß der schnellste Mitspieler eben der Ball ist. Und nur wer ihn hat, kann Tore schießen. Es sei denn, ihm werden Selbsttore geschenkt.

- Im Angriff dürfen wir endlich auch mal etwas riskieren.
- Im Street Soccer ist jeder ein Angreifer.
- Entschlossenheit und Zuspielpräzision erhöhen die Chancen eines Erfolges.
- Mit dem Ballbesitz ist von jedem Mitdenken gefordert.
- Erst das Anbieten und Freilaufen in mehreren Richtungen bringt Zuspielmöglichkeiten. Diese sollen vor allem nach vorn – in Richtung Tor – geschaffen werden.
- Dribbling oder Abspiel müssen den Spielsituationen angepaßt sein. Dribblings im Mittelfeld verlangsa-

men meist nur das Spiel. Denn ein Tempospiel beruht nicht nur auf Sprints, sondern auf direktem Weiterspielen des Balles.
• Wer über die Flügel angreift und sich den Raum vorm Tor nicht selbst verengt, der schafft dem Gegner mehr Probleme.
• Ziel jeden Angriffs ist es, ihn mit einem Torschuß abzuschließen.

Der Torschuß krönt nicht nur jede Aktion, sondern ist im Fußball das logische Endziel aller mannschaftlichen Aktivitäten. Wer in solchen Situationen unbeherrscht und schludrig handelt, der vergeudet auch den Kraftaufwand und die Energie seiner Kameraden. Ohne sie wäre er kaum in die Position zum Schuß gekommen. Wer den Torschuß wagt, sollte vorher im Training manches geübt haben:

• Schau auf den Torwart, *bevor* du schießt!
• Blicke auf den Ball, *wenn* du schießt!
• Flache Schüsse sind am effektivsten.
• Nicht immer ist ein besonders harter Schuß der erfolgversprechendste.
• Ein Torschuß ist sinnvoll, wenn er eine echte Torgefahr bewirkt.

Fernschüsse gegen eine dichte Verteidigerwand sind es nicht.
• Torschüsse wirken überraschend, wenn der Gegner mit einer Finte rechnet oder ein Abspiel angedeutet wurde.
• Übernimm bereitwillig die Verantwortung zum Schuß!
• Wenn das Standbein neben dem Ball ist und dieser in der Mitte oder

Riskantes Rückspiel macht den Torwart zum Feldspieler.

im oberen Teil getroffen wird, bleibt er flach.
• Weil über 60 Prozent der Schüsse im Fußball mit dem Vollspann erfolgen, ist das die effektivste Aktionsform. Trainiere deshalb unbedingt den Direktschuß!
• Ein Schuß ins lange Eck ist meist schwerer zu halten. Die Zielfläche ist auch größer.

- Bleibe nach dem Schuß nicht stehen und bewundere deine Aktion, sondern setze sofort nach. Der Ball kann ja abprallen!
- Vergiß nie: Wer nicht aufs Tor schießt, kann auch nie als Torschütze gefeiert werden!

▲ Der Torschuß ist hier unmotiviert, ein Querpaß zum freistehenden Mitspieler dagegen erfolgversprechend.

▼ Kluger Paß in den Lauf des Partners.

Kontrolliert euch anhand dieser Faustregeln des Fußballs einmal selbst. Wer von sich sagen kann, daß er das meiste schon so tut, der ist bereits auf der Erfolgsstraße. Er hat dann auch die richtige Bereitschaft zur Leistung. Erst sie bringt den Erfolg und mit ihm auch den großen Spaß am Spiel.

Auch die MD Giants aus Magdeburg üben beim Tigerball das Zusammenspiel.

SPIELEND ZUM SELBSTVERTRAUEN

Im Street Soccer soll der Ball laufen. Denn er ist sowieso der schnellste Spieler. Zwischen Begreifen und Können aber haben die Fußball-Götter das Training plaziert. Und sie haben einige Spiele erfunden, in denen man das – ohne Tor – am besten lernt.

Tigerball: Auf einer abgegrenzten Fläche stehen fünf Akteure im Außenkreis und spielen sich den Ball zu. Zwei suchen innen den Ball zu schnappen. Wer ihn hat, darf in den Außenkreis, wer den letzten Paß schlug, muß nach innen. Die

Nationalelf trainiert auch so, nur muß bei ihr der Ball direkt und ohne Stoppen weitergespielt werden. Gruppenformen wie 3:1, 4:2 etc. sind genauso möglich.

Parteienball: Zwei Teams spielen gegeneinander nur mit dem Ziel, den Ball lange zu behalten. Zu zählen sind die gültigen Zuspiele. Ein neutraler Spieler wechselt stets zur ballführenden Partei, um das Spiel zu erleichtern.

Linienball: Das Spiel läuft wie beim Parteienball, nur werden gelungene Dribblings über die gegnerische Grundlinie gezählt.

Kapitänball: Zwei Mannschaften haben ihre Kapitäne auffällig markiert (z. B. mit Mütze). Wer im Ballbesitz ist, sucht ihn so oft wie möglich anzuspielen. Das wird gezählt. Die Gegner stören und bekommen bei Ballbesitz die gleiche Chance. Als Kapitän kommt jeder mal dran.

Nun rücken die Torstangen wieder ins Geschehen. Doch auch diese bieten noch Spielvariationen.

Tore verkehrt: Rückt die Tore ins Feld und dreht sie um! Nur von hinten sind also Treffer herausspielbar. Deshalb sollte der Torwart im Feld mitspielen.

Angreifer gegen Torwart: Nacheinander sucht jeder beim Dribbling den Torwart mit einem Schuß oder durch Umspielen zu überwinden. Wer das nicht schafft, löst den Torwart ab, der dann selbst zum Angreifer wird.

Das Halbe: Üblich ist, daß zwei gegen zwei auf ein Tor spielen. Ein dritter kann die Angreifenden unterstützen und wechselt nach fünf Minuten zum Gegner. Die Treffer werden gezählt.

Halbes räumen: Tore zählen nur, wenn sich alle Spieler in der gegnerischen Hälfte befinden. Sonst folgt Ballverlust. Der Torwart ist dabei aufgehoben. Der letzte Verteidiger darf den Ball mit der Hand abwehren.

> „Street Soccer belebt Ludwigsplatz"
> **Wormser Wochenblatt**

Ihr werdet bald merken, daß solche Trainingsformen euch Ballgefühl und Selbstvertrauen geben. Das sind zwei entscheidende Grundlagen des Erfolges.

KICKER DÜRFEN AUCH JUBELN

„Ruhe, da unten!"
Wie oft hören die Kids diesen Ruf, wenn sie in ihren Ball-Gehegen mitten zwischen den Wohnblöcken an den Ball treten. Dann klettert ihr Torjubeln schon mal die Wände hinauf und stört den Balkon-Frieden.

„Den Ball behalte ich! Hier dürft ihr nicht spielen!"
Das sind die falschen Gartenfreunde, die auf diese Weise meinen, ihre „Rechte" und ihren Rasen vor derlei Belästigungen schützen müssen, wenn das Leder ungewollt über den Zaun fliegt.

Immer wieder bekommen die

Ein stilles Jubel-Tänzchen ...

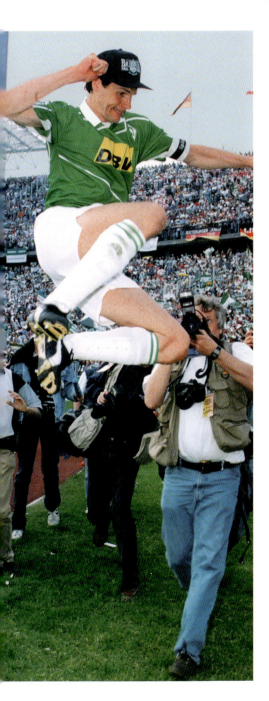

Große Sprünge eines Großen: Rune Bratseth

Gerichte neue Streitfälle vor ihre Schranken. Doch wieviel Lärm ist dem Sport überhaupt gestattet? „In weit über 100 Urteilen von Verwaltungs- und Zivilgerichten haben die Richter versucht, mit Hilfe völlig unzulänglicher Rechtsnormen das Maß an Sportgeräuschen festzulegen, das einem Nachbarn zuzumuten sei", stellte Karl Schmidt vom Präsidium des Deutschen Fußball-Bundes fest. Dem Exnationalspieler des 1. FC Kaiserslautern ist bekannt, daß „insbesondere Tennis- und Fußballplätze stark in ihren Funktionen eingeschränkt worden sind. Ein regelmäßiger Trainings- und Wettkampfbetrieb war da kaum noch möglich."

Eine „Sportanlagen-Lärmschutzverordnung", die am 18. Juli 1991 in Kraft trat, erwies sich als nicht bindend für alle Gerichte. Der DFB und der Deutsche Sportbund drängten die Bundesregierung, das zu verändern. Mit Erfolg. Was Bundestag und Bundesrat beschlossen haben, liest sich nun im Paragraphen 906, Absatz 1, BGB, folgendermaßen:

„Der Eigentümer eines Grundstücks kann die Zuführung von Gasen, Dämpfen, Gerüchen, Rauch, Ruß, Wärme, Geräuschen, Erschütterungen … insoweit nicht verbieten,

62 TECHNIK – TAKTIK – TRAINING

Fans dürfen auch mal trompeten ...

als die Einwirkung die Benutzung seines Grundstücks nicht oder nur unwesentlich beeinträchtigt." In Gesetzen und Verordnungen sind dafür Grenzwerte festgelegt. Wenn diese nicht überschritten werden, so ist das eine „unwesentliche Beeinträchtigung". Also muß jeder Anwohner, der sich belästigt fühlt, erst einmal nachweisen, daß die Grenzwerte überschritten werden. Der Torjubel im Fußball schafft das wohl kaum. Deswegen darf jeder Sportler – bei aller Rücksichtnahme – auch auf seine Rechte pochen.

KICKER DÜRFEN AUCH JUBELN

Soccer-Sister!

ALFRED „AKI" SCHMIDT: IM TRAINING IMMER MIT BALL

Talente-Sucher Alfred „Aki" Schmidt hat seinen Erfahrungsschatz als erfolgreicher Trainer und DFB-Pokal-Gewinner mit den Offenbacher Kickers wie auch als 25facher Nationalspieler geöffnet, um den Street Soccern einige Tips zu geben.

Für die Altersgruppe der 10 bis 13jährigen stellte er drei Trainingseinheiten von je 80 Minuten Dauer zusammen. Bei allen Übungen achtete er darauf, daß der Ball immer mit in Aktion ist. Er ging dabei von einer etwa 15köpfigen Schülergruppe aus.

1. Trainingseinheit:
- Am Beginn steht ein 20minütiges Aufwärmen mit dem Ball. Dabei führen wir das Leder quer über den Platz, erst mit dem Spann, dann mit dem Innenrist sowie mit dem

◀ Nationalspieler „Aki" Schmidt in seiner besten Fußball-Zeit ...

Außenrist. Anschließend üben wir das Ballführen durcheinander bis zur Mitte und wieder zurück. Hierbei schauen wir vom Ball hoch und in die Weite.
- Die nächsten 30 Minuten gehören dem Dribbling durch Slalomstangen oder Hütchen. Der Beste fängt an, und alle machen es ihm nach. Die Abstände der 10 bis 15 Stangen oder Hütchen werden dabei verändert – und auch das Tempo des Dribblings. Am besten hängt man noch eine Slalomstafette hintendran.
- Danach folgen 30 Minuten Zuspiel im Kreis. Wir teilen uns in Fünfergruppen, laufen im Kreis und spielen uns den Ball genau in den Lauf. Auch hier wird erst mit der Innenseite, dann mit der Außenseite und mit dem Spann zugespielt. Zum Schluß köpfen wir uns den Ball im Kreis zu.
- Das Training beschließt ein 15minütiges Spiel auf kleine Tore.

TECHNIK – TAKTIK – TRAINING

… und als Freund der Kids beim Spähen nach Talenten

2. Trainingseinheit

• Wir starten wieder mit 20 Minuten Erwärmung. Quer über den Platz werfen wir den Ball in die Höhe, springen ihm entgegen, fangen und gehen in die Hocke. Das wird fünf- bis zehnmal wiederholt, auch mit Tempowechseln. Dann folgen Übungen aus dem Stand:
Hochwerfen – Liegestütz – Fangen.
Hochwerfen – Hinsetzen – Fangen.
Hochwerfen – Bauchlage – Fangen.

• In den nächsten 30 Minuten üben wir alle Ballführungsarten mit anschließendem Torschuß, erst ins leere Tor, dann mit Torwart. Leichte Körpertäuschungen beim Ballführen sind nützlich.

• Nun folgen 30 Minuten „höhere Schule" des Fußballs: Flugkopfball, Seitfallzieher. Der Trainer wirft die Bälle genau zu, die dann volley aufs Tor geschlagen werden. Aus dem Seitfaller kann man sich auch an den Fallrückzieher wagen. Der jedoch ein bißchen mehr an Selbstüberwindung verlangt.

• Ein 15minütiges Spiel auf kleinem Feld mit Handball-Toren steht am Ende. Handball kann man auch mal spielen, aber statt des Torwurfs sollte nach dem Zuwerfen ein Kopfball stehen. Wer es mit dem Fuß macht, der muß zwei Ballkontakte gehabt haben.

ALFRED „AKI" SCHMIDT: ...

„Super-Stimmung beim Soccer-Cup"
Rhein-Zeitung

3. Trainingseinheit

• Das 20minütige Aufwärmen geschieht diesmal in Zweier-Gruppen, die sich im Lauf den Ball zupassen, erst mit der Innen-, dann mit der Außenseite, mal schnell, mal langsam, mal mit kleinem Abstand (5 m), mal mit großem (10 m).

• In 30 Minuten schulen wir dann das Zweikampfverhalten. Ohne Tore. Das kann erst in Aktionsgruppen 1:1, 2:2, 3:3 geschehen, gefolgt mit Überzahl (2:1, 3:2, 4:3). Diese Übungen beschließen wir mit Torwart und Torschuß! Gerade diese Übungen sind typisch für den Street Soccer.

• Etwa 30 Minuten lang sollten wir auch das Freilaufen trainieren. Die Vorlagen dafür liefert das Spielgeschehen. Auch der Doppelpaß muß geübt werden. Dabei ist darauf zu achten, daß der Ball das richtige Tempo zur Spielsituation hat und daß er genau gespielt wird. Abspiel, Start und dann das saubere Prallenlassen durch den Partner sind entscheidend.

• Zum Schluß machen wir noch ein 20minütiges Spiel.

Im Sprichwort heißt es: „Was Hänschen nicht lernt, lernt Hans nimmermehr." Was auch sagen will: Wenn man es kann, macht es erst richtig Spaß.

SOCCER AUF DEUTSCHLAND-TOUR

Von einem der berühmtesten amerikanischen Basketballtrainer, Butch Kolff, stammt diese Wertung: „Um Basketball zu spielen, muß man ein Riese sein, für American Football ein Monster. Aber im Soccer können ganz normale Kinder Großartiges leisten. Die Gefahr ernsthafter Verletzungen ist gering. Außerdem ist es die beste Körperertüchtigung und ein wunderschönes Spiel."

Das ist die Ausgangsposition für alle fußballverrückten Kinder dieses Erdballs. Wie frei und ungehemmt aber können sie ihre Veranlagungen entfalten? Die Suche nach einer Antwort führt auch in die Gipfelbereiche:

• Europa hat 1994 den Weltmeistertitel im Fußball wieder an Südamerika verloren. Die überlegene Spielkunst der Brasilianer fand ungeteilten Respekt.

▲ Erfolg macht Freude ...

◀ Ball-Freundschaften

Festhalten ist unfair! ▶

- Sämtliche Bundesligatrainer aus dem Lande des entthronten Titelverteidigers Deutschland kritisieren das schwächer werdende technische Niveau der Jung-Profis. Der Strom der Talente von einst verkümmert zum Rinnsal.

Am inneren Zusammenhang dieser Tatsachen kommt keiner mehr vorüber, auch nicht im DFB, dem Fünfeinhalb-Millionen-Verband der deutschen Kicker, der nicht nur im Lande die Nummer 1 ist, sondern auch in der Welt.

„Die Spieler meiner Generation sind alle noch beim Fußball auf der Straße groß geworden. Dort haben wir gelernt, uns durchzusetzen."

Lothar Matthäus, Deutschlands Länderspiel-Rekordhalter und Weltmeister 1990, spricht für die Völler, Littbarski, Köpke, Brehme und all die anderen.

Doch heute ist die Ausgangssituation eine andere: Teures Autoblech, von Versicherungen nur teilweise beschützt, blockiert die Straßen. Mehr stehend als fahrend. Und Abgase, Lärmverordnungen, Verbotsschilder bedrängen die Kinder nicht minder. Gibt es für sie keinen Ausweg?

Zum Glück ist aus vielen Stadtkernen das Auto schon wieder verdrängt worden, um Fußgängern Platz zu schaffen. Warum nicht auch

den Fußballern? Eine Antwort fand der Sportartikel-Hersteller PUMA mit einer starken Mannschaft von Sponsoren. Sie brachten im Vorjahr den Fußball mit dem STREET SOCCER CUP '94 wieder in die Städte. Durch ein Dutzend Mercedes-Benz-Transporter konnten 15 Spielfelder auf große Deutschland-Tour durch mehr als 150 Städte gehen. Von März bis Oktober – in 195 Turnieren mit 6221 Teams und 31 105 Akteuren – ging die größte Talenteschau die der deutsche Fußball je erlebte, über die Wanderbühnen des Straßenfußballs.

Mehr als fünf Millionen Mark verbrauchten Transport, Organisation und Ausbildung der Helfer. Denn Strom, Wasser, Toiletten waren Grundbedingungen. Die Stadtväter öffneten ihre Sperrzonen und Marktplätze für die Kleintransporter, die Banden, Tore, Strafraumteppiche und Zelte brachten. Man hatte dabei im Ohr, was Nationaltorwart Andreas Köpke sagte: „Soviel Negatives stürmt heute auf die Jugend ein: Arbeitslosigkeit, Drogen, Alkohol. Da ist es gut, wenn Kindern durch solche Aktivitäten eine sinnvolle Freizeitgestaltung gezeigt und ermöglicht wird."

Also Vorbeugen statt Heilen. Und die Anteilnahme von über 300 000 Zuschauern beweist, daß diese Botschaft ankommt.

Gespielt wurde meist Samstag vormittags. Da war der Andrang in den Kaufzonen am stärksten. Und damit auch die Zuschauerwälle um die Miniarenen.

Turnierausrichter waren Sportartikel-Händler des Ortes, die sich nur zur Abnahme von Teilen des Street-Soccer-Programms mit Bällen, Trikots, Hosen, Schuhen, Taschen verpflichteten. Für diese Artikel aber warb das Turnier sowieso. PUMA verdoppelte zudem jeden

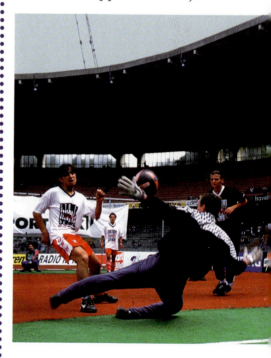

Tausender, der in die lokale Werbung gesteckt wurde. Auch der Sportfachhandel konnte sich somit profilieren.

„Alle anderen Sportarten haben

kräftig aufgeholt. Hinzu kommen Videos und Computer. Der Fußball muß also mehr tun als bisher, um die Jugend für sich zu gewinnen", fordert Rudi Völler. Und Bochums Trainer Klaus Toppmöller stellt fest, „daß sich eine solche Aktion schon gelohnt hat, wenn nur einige hundert der 31 000 beim Fußball bleiben."

Deswegen soll der PUMA STREET SOCCER CUP '94 auch keine einmalige Aktion bleiben. Im

> Stars wie Lothar Matthäus, Andreas Köpke, Anthony Yeboah und Rudi Völler – alle bei PUMA unter Vertrag – warben in Anzeigen und per Telefon-Hotline (über 20 000 Anrufe) für die Teilnahme am Street-Soccer.
>
> DFB-Journal

Eine ungewöhnliche Arena für den Straßenfußball: das Müngersdorfer Stadion in Köln

Gegenteil. Es wird ihn auch 1995 geben, aber noch größer, besser und effektiver. Damit der Fußball auch in der Talenteförderung die Nummer 1 hierzulande bleibt.

Eines der vier Halbfinals war im Frankfurter Waldstadion zu erleben.

SOCCER AUF DEUTSCHLAND-TOUR **75**

„Street Soccer ist die Action here ..."

Hallo, Fans!

Muttern ist immer dabei ...

WAS SO ALLES PASSIERTE

Aus dem Rhein gefischt

Die Begeisterung der Kids für ihr Spiel hat viele Herzen gewonnen. In Bonn fischte die Wasserpolizei ihnen sogar die PUMA-Bälle aus dem Rhein. In Paderborn holte man sie ihnen aus einem Teich. Und eine ältere Dame, die sich in Arzbach über den fröhlichen Lärm heftig beschwerte, wurde mit einem Rosenstrauß überrascht und auf diese Weise in einen Fan verwandelt.

Timo war schon vergeben

Auch auf der Straße liegen oft die Perlen. Das sagte sich mancher große Klub und schickte seine Späher zum Street Soccer. So wie Eintracht Frankfurt den Bundesliga-Profi Dietmar Roth nach Nürnberg. Dem gefielen dort drei Talente ganz besonders. Also lud er sie zu einem Fördertraining ins Frankfurter Waldstadion, die Heimstatt der Eintracht, ein. Bei einem hatte er Pech. Denn den 15jährigen Timo Rost hat längst der 1. FC Nürnberg entdeckt und sich geholt. Timo wurde auch schon in die Nationalmannschaft der 15jährigen berufen. Daß Timos Truppe, die „Rocking Hirnwürscht", das Nürnberger Turnier gewann, war da fast schon selbstverständlich. „Ich werde mir natürlich nun ständig Street-Soccer-Turniere ansehen. Denn da sieht man manchen, den es sich lohnt zu fördern", so das Resümee von Dietmar Roth.

Windgeschütteltes Turnier

Damit der Schiedsrichter auf engem Feld nicht im Wege steht, hat er seinen Platz auf hohem Thron außerhalb bekommen, wie beim Tennis. Von dort hat er so lange beste Sicht, bis der Wind zupackt. Auf freiem Marktplatz leicht möglich. In Hannover mußten die Zuschauer schnell zugreifen, um den Schiri vorm derben Sturm zu retten. Auch in Bielefeld blies der Sturm kräftig in die Banden, und so drohte das ganze „Stadion" wegzufliegen. Den Spieleifer der Kids konnte das nicht bremsen. Die Turniere gingen weiter.

Versöhnung der Stiefbrüder

Daß Soccer und Football in Amerika keine dicken Freunde sind, ist bekannt. Hierzulande sind die Rangfolgen anders geordnet, und der American Football braucht noch ein bißchen Popularität. So nutzte des Football-Team der Hannover Stampeders die vom Soccer offerierte Chance, zusammen mit ihren hübschen Cheerleaders mit einer Showeinlage ein bißchen für sich zu werben. Das fand viel Anklang, und da es zudem die Spendenkasse für den „Verein zur Förderung der Behandlung krebskranker Kinder" mit 8000 Mark füllte, war es der Beweis dafür, daß Soccer und Football durchaus keine Stiefbrüder sein müssen.

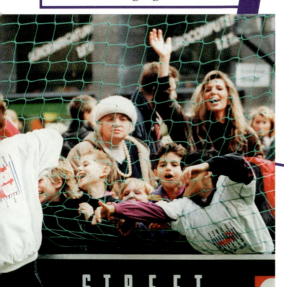

„... mach's auch du,
sei ein Puma,
kick dich frei!"

Bunter Gemüseeintopf

Der Phantasie sind bei der Namensgebung keine Grenzen gesetzt. Die Außenstehenden dürfen rätseln, so über „Käpt'n Blaubärs Gemüseeintopf" oder „die Jünger Akabawar" oder „Alosch Malosch" oder „13 Unentschieden Karls-Quellen". Das Tierreich wird mit Panthern, Löwen, Tigern, Bullen abgegrast, aber auch mit Kojoten, Kuckuck, den „wilden Gantern", den „Snail-Schockers" (Snail = Schnecke) und dem „Lessie-Team", also von Hundefreunden.

Da treten auch die „knallharten", die „glorreichen", die „fantastischen Fünf" auf, die „Vier kleinen Nega", die „Marzahner Alpendödel", die „Gurkentruppe", die „schwarzen Killerköpfe", die „göttlichen Bananen". Sarkasmus beweisen die „Anabol Loges" (anabole Klötze) und „Holzbein Kiel" (Holstein mag es verzeihen). „Peles Erben" blieben in der Vorrunde hängen, und die „Kloschüsseln" sind in München nicht angetreten. Spülung defekt?

Gerngesehene Gäste beim Street Soccer: die Cheerleaders vom American Football

Augsburgs neue Ball-Drillinge

Augsburg hat schon tolle Fußballer hervorgebracht: Bernd Schuster, Raimond Aumann, Karl-Heinz Riedle. Der populärste Augsburger aber ist Helmut Haller geblieben. Als 23jähriger verließ er 1962 die Fugger-Stadt Richtung Italien, wurde dort als „El Biondo" (der Blonde) berühmt und kehrte 1973 zum FC Augsburg zurück. Der 33fache Nationalspieler, heute im Sportartikel-Großhandel tätig, hat auch dienstlich ein Auge für Talente. Und er sah Alessandro Cecini mit seinen Freunden am Ball. Befreundet mit Alessandros Vater, riet Haller den Jungen, sich beim STREET SOCCER CUP in Augsburg der Konkurrenz zu stellen. Und die „Magics" wurden dort zum Schlager des Turniers, nicht nur, weil sie es gewannen. Sie verblüfften die Konkurrenten auch, weil denen – trotz Auswechslung – immer wieder die gleichen Gesichter gegenüberstanden. Denn die „Magics" präsentierten die Drillinge Christian, Thomas und Michael Balletshofer aus Neusäß bei Augsburg. Und die räumten bei der Siegerehrung mit Alessandro Cecini und Murat Birlik bei den 14- bis 16jährigen ab, was es an Preisen zu holen gab: Christian wurde bester Torwart, Thomas bester Schütze, Murat bester Spieler und alle zusammen Beste des Turniers.

Soccer bringt Spiel und Spaß in die City.

FINALE MIT GROSSER KULISSE

„Das war schon gewaltig", empfand Sebastian Hähnge, ein Magdeburger Junge. Als Kapitän hatte er seine „MD Giants" zum Gewinn des PUMA STREET CUPS '94 geführt, und die Granittreppen des Reichstags in Berlins City waren die Tribüne für eine großartige Kulisse. Warum eigentlich nicht? „Dem Deutschen Volke" grüßt es in ehernen Lettern vom Portal. So war es am 2. Oktober, dem Vortag des „Tages der Deutschen Einheit", alles andere als eine Entweihung des Hohen Hauses. Gäbe es eine „Fußballerpartei", so müßte sich diese mit ihren fünfeinhalb Millionen im DFB Vereinen sowie den ungezählten Millionen Sympathisanten in Stadien und Fernsehsesseln keinerlei Sorgen machen, über die 5-Prozent-Hürde hinweg dort einzuziehen. Deswegen durfte die Fußballjugend mit ihrem Anspruch auf Beachtung getrost an die Tore des Hohen Hauses klopfen und fordern: „Sport dem Deutschen Volke". Mehr denn je!

Gut, daß die Väter dieser beispielhaften Aktion deshalb Bundesliga-Stars wie Andreas Köpke, Lothar Matthäus, Anthony Yeboah und Andreas Herzog für das phantastische Fußball-Spektakel als Paten gewinnen konnten. „Auch im Fußball um jeden Jugendlichen kämpfen", betont Rudi Völler sein persönliches Engagement für den Street Soccer. „Denn der Fußball hat Konkurrenz bekommen. Er ist nicht mehr der große Selbstläufer."

Für Tausende Berliner, die ihren Samstagsspaziergang im Tiergarten machen, war der Kicker-Auftritt eine stimmungsvolle Überraschung. Der Vormittag gehörte den Österreich-Finals, die die „Bulldog Rangers" aus der Steiermark und der ATSV Wolfsberg gewannen. Andy Herzog, das Wiener Idol, war ein enthusiastisch gefeierter Betreuer. „Andy, zeig was!" wünschten sich die Kids. Doch diesmal war er vor allem der Coach einer Talenteauswahl, die dann gegen die von Exnationalspieler und Talentesucher Aki Schmidt betreuten deutschen Altersgenossen antraten. Die 1:5 und 4:6-Niederlagen konnten den Andy nicht erschüttern. „Ach, wißt's ihr, dös san ma schon gewohnt im Fußball…"

Eine kleine Tragödie gab es auch. „Unserem Uwe Jestädt wurde die Brille zerschossen. Da konnte er im Tor nicht mehr richtig sehen", meinte ein bekümmerter Benjamin Hönsch aus Leverkusen. „Dabei haben wir im Halbfinale gegen Can Sport aus Nürnberg 2:0 geführt, aber am Ende dann 2:3 verloren." Und so schlitterten die „Puma Kids" haarscharf am ersehnten Endspiel vorbei. Dort triumphierte dann die Kasseler „Street Attack" mit ihrem Supertalent Mikaele Behane klar mit 7:1. Was die „Puma Kids" nicht resi-

Beherzte Berlinerinnen bauten Pausen-Pyramiden.

Dichtes Gedränge um die Final-Arena am Reichstag.

Ein Wiener in Berlin und begehrt wie überall: Andreas Herzog

gnieren ließ. „Im nächsten Jahr versuchen wir es noch einmal. Wenn auch zwei dann schon 14 und über der Altersgrenze sind." Benjamin Hönsch ist wie alle auf den Geschmack gekommen. Seine Vorbilder aber sucht er sich noch immer nicht in der nächsten Umgebung: „Ich bin für den FC Bayern, und wie Mehmet Scholl möchte ich mal werden." Na denn!

FINALE MIT GROSSER KULISSE 83

Die Reiseroute der zwölf Street Soccer Mobile war 123 567 km lang. So wanderten die Turnier-Aufbauten von Stadt zu Stadt.

Die MD Giants, Sieger bei den 14- bis 16jährigen, finden derzeit erst recht keine aktuellen Vorbilder in Magdeburg. Die Sparwasser und Co., die 1974 den Europacup der Pokalsieger holten, haben sie nicht erleben können. Um sich mal den Wind um die Nasen wehen zu lassen, meldeten sie sich zum STREET SOCCER CUP. „Ich hatte das in SPORT-BILD gelesen. Und weil es gleich in die Osterferien fiel, habe ich uns gemeldet." Marcel Grzech war es, der die Post abgehen ließ. Seine vier Klassenkameraden machten mit. Daß sie schon beim

„Spür die Kraft in der Bewegung, die Freude am Spiel..."

1. FC Magdeburg trainieren, war ihrem Auftreten anzusehen. „Aber beim Halbfinale in Bremen stand gegen die ‚Unglaublichen' aus Pinneberg im Endspiel noch zwei Minuten vor Schluß bei 7:7 alles auf der Kippe. Erst unser Schlußspurt brachte das 10:7." Sebastian Hähnge, der Kapitän, steuerte zwei Tore dazu bei. Doch Nico Dürstel wurde mit 18 Toren Schützenkönig, während Marcel Maltritz mit fünf Treffern der überragende Akteur des 6:5-Finalsieges von Berlin gegen die Heidenheimer „Chicky McNuggets" war. Ein sehr ausgeglichenes Elb-Quintett also.

Nun lenkt Lutz Holke (41) ihren weiteren Aufstieg. In Magdeburg hat dieser Name einen besonderen Ruf. Kurt Holke, der früh verstorbene Vater, war nicht nur Georg Buschners Trainerassistent beim legendären 1:0 der DDR gegen die BRD bei der WM 1974 in Hamburg, sondern hat den dort erfolgreichen Sparwasser und Hoffmann in der Jugend des 1. FCM zu ersten Entwicklungssprüngen verholfen.

Lutz Holke: „Von dieser Generation kann Magdeburg heute nur noch träumen. Schließlich hat sie auch den einzigen Europacup für den Fußball der damaligen DDR gewonnen. Wenn diese Jungen hier wenigstens etwas vom alten Ruf wiederherstellen könnten, wäre das eine große Genugtuung. Er hat es nötig. Nur holt man uns eben die Jungs stets schon früh weg, wie kürzlich ein 15jähriges Torwarttalent, das zu Werder Bremen ging."

Für Sebastian Hähnge und die anderen sind das alles Geschichten von vorgestern. „Wir hätten gern in Berlin noch ein bißchen mit Rudi Völler oder Anthony Yeboah geredet. Aber der Rummel und Trubel waren zu groß. Da war es gar nicht möglich. Doch die Autogramme haben wir."

Gerade weil der Magdeburger Fußball-Alltag sowenig Aufregendes bietet, war der SOCCER CUP für die Elbe-Kicker ein Riesenerlebnis. Denn auch beim Berliner Finale war drumherum viel los. Die Cheerleaders der Berlin Adler, eine Perlenschnur hübscher Mädchen, zeigten ihre Showtänze, Paul Sahli, der Weltmeister der Balljongleure, der auch mit mehreren Weltbestleistungen im Guinness-Buch der Rekorde vertreten ist (u. a. 100-m-Sprint mit Ball auf dem Fuß in 18,55 Sekunden), erntete Staunen und Respekt. Der „Bürger Lars Dietrich" trieb mit seinen Gesangstiteln die Stimmung in die Höhe.

„Hier ist alles viel lockerer als im Verein", freuten sich die Finalteilnehmer. „Und beim Street Soccer dreht sich sowieso alles um den

FINALE MIT GROSSER KULISSE 85

Einwurf zum Finale ...

Ball. Das gefällt uns am meisten." Weil der STREET SOCCER CUP das als Pflicht und Kür zugleich betrachtet, war auch für was anderes als Fair play und guten Mannschaftsgeist kein Platz. Und für Randale von draußen schon gar nicht.

Um den Ball als eine Hauptperson noch herauszuheben, hatte SPORT-BILD zu einem Jongleurwettbewerb aufgerufen. Der 15jährige Sonad Taner aus Bielefeld ließ ihn 815mal auf Kopf und Füße tanzen. Erst dann fiel die Kugel zu Boden. Auch die ermüdeten Zähler waren dafür dankbar.

BORUSSIAS BESTER FAND VIELE TALENTE

„Die Waage scheint sich zu Liverpool zu neigen. Da setzt Aki Schmidt aus der Abwehr Sigi Held ein. Dessen Schuß prallt von Torwart Lawrence ins Feld zurück. Libuda nimmt ihn auf und wagt eine weite Bogenlampe. Tor – 2:1 für Borussia in der 107. Minute. Und der erste Europa-Cup-Gewinn für den deutschen Fußball!"

Nicht nur in dieser Schilderung von anno 1966, als Borussia Dortmund in Glasgow im Finale des Pokalsiegerwettbewerbs den haushohen Favoriten FC Liverpool bezwang, spielte Alfred „Aki" Schmidt eine herausragende Rolle. Er schoß seine Tore in den Finals um die Deutsche Meisterschaft 1963 und den DFB-Pokal 1965, er spielte bei der WM 1958 in Schweden und wurde 25mal in die Nationalelf berufen. Auch ohne den Meistertitel von 1957 – als Trainer Helmut Schneider den schon zweifachen Nationalspieler im Finale gegen den HSV (3:1) nicht aufstellte, um eine siegreiche Elf nicht zu ändern –, ist „Aki" Schmidt der bislang erfolgreichste Borusse aller Zeiten. Der SOCCER CUP '94 konnte keinen erfahreneren Talentespäher finden.

„Sieben Turniere habe ich erlebt. Mir imponierte, wie motiviert alle Jungen gespielt haben. So wie das Turnier aufgezogen war, lohnte es sich auch, sich dafür zu qualifizieren. Und den Drang spürte man in jeder Szene bei den Jungs. Wie die gekämpft haben …! Schon deswegen hat der Cup für mich Zukunft."

Für „Aki" Schmidt bot sich eine vielfarbige Szene dar. „Vor allem in der Altersklasse der 14- bis 16jährigen war die Geschmeidigkeit der Afrikaner, Türken, Albaner beeindruckend. Ihre Kameraden setzten andere Qualitäten dagegen. Aber die balltechnischen Vorzüge der Ausländer machten deutlich, wie nützlich der Straßenfußball ist. Ich selbst bin ja auch auf der Straße groß geworden. Fußball war im Krieg und zwischen den Bombennächten unser ein und alles. Mit dem 08/15-Training im Verein allein wäre ich nie so weit gekommen. Ein Talent muß immer am Ball sein."

Im Merkheft des Talentespähers

stehen 70 Namen. Jungen, die ihm ganz besonders aufgefallen sind. „Zu etwa 90 Prozent sind sie schon in Vereinen. Aber es gibt noch mehrere, die noch nicht entdeckt worden sind. Natürlich werden die meisten auch schon von größeren Klubs umworben. Die Namen aller von „Aki" Schmidt notierten Talente wurden von PUMA an die Landesverbände weitergeleitet. So hat der Cup auch durch gezielte Nachwuchssichtung seinen praktischen Nutzen bewiesen. „Aber noch besser wäre es, wir könnten noch jüngere Spieler erfassen."

Für Alfred „Aki" Schmidt hat der PUMA STREET SOCCER CUP übrigens die eigene Idee verfestigt, in den Sommerferien eine Fußballschule im Raum Regensburg zu eröffnen. Im Bayerischen ist der Sportlehrer nämlich mittlerweile heimisch geworden, obwohl man ihn in Dortmund keineswegs vergessen hat. Als jüngst von den Medien die „Traumelf des Ruhrgebietes" aufgestellt wurde, war Schmidt natürlich dabei. Gut deshalb, daß die größte Talenteschau, die im deutschen Fußball je stattgefunden hat, Männer wie ihn als Verbündete hat, die die Fußball-Könner von morgen bereits heute fordern und fördern.

Die Kasseler „Street Attack" gewann das Turnier in der Altersklasse bis 13 Jahre, und Super-Talent Mikaele Behane (Mitte) eroberte den Grundig-Megatron-Cup als bester Torschütze. Gratulanten waren die Paten Rudi Völler, Anthony Yeboah und Andreas Köpke.

ERGEBNIS-SPIEGEL

ERGEBNIS-SPIEGEL

HALBFINALE

17.9. in Bremen (Weserstadion).
Altersklasse I (10–13 Jahre):
Gruppe A: VfL Bückelburg 8:0 Punkte/22:7 Tore, TeBe 1 4:4/16:9, Holzbein Kiel 0:8/5:27.
Gruppe B: Street Attack 6:2/12:10, Real San Sebastian 6:2/12:10, Fantastic Soccers 2:6/8:12.
Finale: Street Attack – VfL Bückelburg 6:1.
Altersklasse II (14–16 Jahre):
Gruppe A: MD Giants, Team Kramm, Dream Dribblers.
Gruppe B: Die Unglaublichen, Boehse Onkelz, Motor 05
Finale: MD Giants – Die Unglaublichen 10:7.

17.9. in Nürnberg (Frankenstadion).
Altersklasse I:
Gruppe A: Kojoten 2:2/7:6, Adventure United 2:2/6:7.
Gruppe B: Can Sport 6:2/24:10, Panthers 4:2/12:8, Glorreiche Fünf 0:6/4:24.
Finale: Can Sport – Kojoten 8:7 nach Penaltyschießen
Altersklasse II:
Gruppe A: Chicky McNuggets 5:3/12:7, Shaq Attack 4:4/6:8, Falkendorf Magic 3:5/9:12.
Gruppe B: Rocking Hirnwürscht, All Star Team, Fußballgötter
Finale: Chicky McNuggets – Rocking Hirnwürscht 7:5.

Wie festgeklebt ...

24.9. in Köln (Müngersdorfer Stadion).
Altersklasse I:
Gruppe A: Puma Kids 4:2/15:5, Daily 4:2/14:5, SSC Kicker 2:4/5:10, Uedesheimer Kings 2:4/3:17.
Gruppe B: SC Jülich 1910 7:1/20:6, Anabol Loges 5:3/15:8, Soccer Kids 0:8/5:26.
Finale: Puma Kids – SC Jülich 1910 8:3.
Altersklasse II:
Finale: Turkish Brothers – Barfuß nach Bagdad 8:5.

Vorrunde: Turniere: 179 ab März 1994 in ganz Deutschland Teilnehmer: 31 105 Straßen-Kicker in 6221 Mannschaften Tore: 50173 in 5492 Spielen. Durchschnitt: 9,13 Tore.

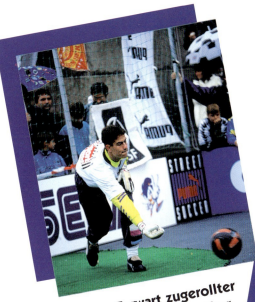

Ein vom Torwart zugerollter Ball ist leichter verwertbar.

Gut gepolstert für harte Straßen ...

Nicht nur Jay Jay Okocha bringt Farbe in den Street Soccer.

ERGEBNIS-SPIEGEL

23. 9. in Frankfurt/Main (Waldstadion)
Altersklasse I:
Gruppe A: No Name 8:0/20:9, Die Looser 2:6/14:16, Red Street Devils 2:6/11:20.
Gruppe B: Die Glorreichen Fünf 5:1/7:5, Kossack Team 4:2/11:8, Die Rohrer 2:4/6:9, Beasty Boys 1:5/6:8.
Finale: No Name – Die Glorreichen Fünf 6:1.
Altersklasse II:
Finale: Katastrophen Team – Internationale 5:2.

FINALE

2. 10. in Berlin
Altersklasse I:
Halbfinale: Street Attack (Kassel) – No Name (Müllheim/Baden) 5:3, Can Sport (Nürnberg) – Puma Kids (Leverkusen) 3:2.
Finale: Street Attack – Can Sport 7:1.
Um Platz 3:
No Name – Puma Kids 7:3.
1. Street Attack (Bastian Kelsch, Francis Bugri, Mikaele Behane, Maunim Boujaja, Hinok Afeworki)
2. Can Sport (Hakan Can, Mehmet Senol, Ferdi Senol, Aydemir Ufas, Marco Lang)
3. No Name (Ronny Waldkirch, Mustafa Yarayan, Daniel Wolf, Demir Aydemir, Tommaso Giannone)

◀ Noch sind die PUMA-Cups nicht vergeben ...

◀ Allerorten Torwartfrust: Ball im Netz!

Torversammlung

Jubel, Trubel, Heiterkeit ... ▶

Techniker unter sich: Sonad Taner aus Bielefeld, der „Magic-Champion" im Jonglier-Wettbewerb von SPORT-BILD, und Rudi Völler

4. Puma Kids (Benjamin Hönsch, Uwe Jestädt, Dirk Rutkowski, Christian Haage, Stefan Müller)

Altersklasse II:
Halbfinale:
Chicky McNuggets (Heidenheim) – Katastrophen Team (Oftersheim/b. Heidelberg) 3:2,
MD Giants (Magdeburg) – Turkish Brothers (Siegen) 3:0.
Finale:
MD Giants – Chicky McNuggets 6:5
Um Platz 3: Katastrophen Team – Turkish Brothers 6:5 nach Verlängerung.
1. MD Giants (Sebastian Hähnge, Nico Dürstel, Marcel Grzech, Marcel Maltritz, Jan Sandmann)
2. Chicky McNuggets (Markus Löw, Ingo Sörös, Stefan Chamizo, Michael Mittelstädt, Jan-Peter Stricker)
3. Katastrophen Team (Christian Schäfer, Thomas Lorenz, Carsten Sattler, Ronny Kolb, Stefan Lorenz, Günter Schuhmacher)
4. Turkish Brothers (Fatih Sariyar, Mani Berisha, Bülent Üst, Attila Mutlu, M. Birinci)

Heiße Fans: die Väter ...

Street-Soccer-Ballett ▶

BILDER DES

DER PUMA STR

Das war 1994 die große Talentsuche im deutschen Fußball. Über 32.000 Kids spielten bei 200 Events um die deutsche Meisterschaft der Straßenkicker. Bis zum großen Finale vor dem Reichstag in Berlin.

Eine Aktion von S

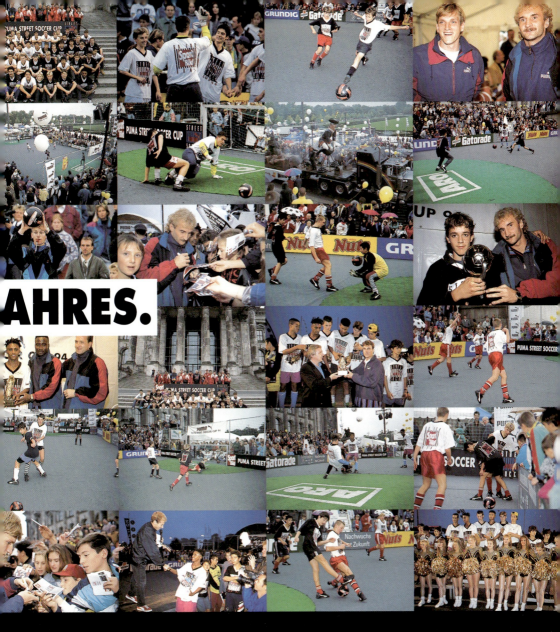

SOCCER-SPLITTER

In Karlsruhe schauten am Vorrunden-Samstag 15 000 den Spielen auf den zwei Plätzen im Stadtzentrum zu. Das war auch Bestmarke. Die Vorrunde sahen insgesamt 230 000!

Die Elektrokabel, die für die Turnier-Lautsprecher verlegt wurden, maßen 27 km.

Energie spendeten ihnen 89 500 Liter Gatorade und 107 400 Nuts-Schokoriegel.